UTE LAUTERBACH

Wer sich liebt, umarmt die Welt

DREHBUCH *für*
ein GLÜCKLICHERES LEBEN

SCORPIO

© 2015 Scorpio Verlag GmbH & Co. KG, München
Umschlaggestaltung: Sabine Fuchs, FUCHS DESIGN, Oberhaching/München
Umschlagmotiv: plainpicture, Anja Weber-Decker
Grafiken: Ute Lauterbach
Satz: BuchHaus Robert Gigler, München
Druck und Bindung: GGP Media GmbH, Pößneck
ISBN 978-3-95803-024-4
Alle Rechte vorbehalten.

www.scorpio-verlag.de

Inhalt

Vorwort

Wenn Sie wählen könnten, würden Sie sich dann auch lieber für
»glücklich« statt »unglücklich« entscheiden? An uns liegt es
doch nicht! Lediglich die Umstände, die Mitmenschen, Schatzi
usw. müssten anders sein. Wie lange können wir darauf warten?
Genau! Deshalb machen wir uns lieber selbst auf den Weg.

Einiges wurde uns immerhin in die Wiege gelegt. Nicht alles
vom Feinsten, aber es gehört zu den unumgänglichen Startbe-
dingungen. Zu unserer Grundausstattung gehören ein Körper,
Geburtsumstände, eine beachtliche psycho-geistige Palette,
eben unsere Grundantriebe, dazu mehr oder weniger Liebe. Das
Liebesniveau in der Startsituation entspricht oft dem Glücksle-
vel unseres ganzen Lebens. Es sei denn, wir kümmern uns ganz
gezielt um das Drehbuch unseres Glücks. Aber wie kann uns
das gelingen? Ohne Segelkenntnisse sticht niemand raus ins
Meer, aber leben – das sollen wir ohne gründliche Glückskennt-
nisse. Das finde ich absurd, zumal wir durch diesen Mangel

> Spielball unserer Umstände bleiben,
> ureigene Werte zugunsten oft nicht passender allgemeiner
  Werte ins Abseits schieben,
> viel zu viel brauchen, weil wir zu weit vom wunschlosen
  Glück entfernt sind,

> wegen des letzten Punkts mehr rackern, als einer wirklichen Lebensfreude zuträglich ist, und
> weniger lieben und weniger geliebt werden.

Summa summarum: In der Wiege hätte noch das Drehbuch zum Glück liegen können. Oder es wäre uns wenigstens in der Schulzeit nachgereicht worden. Na ja, zu spät ist es erst beim letzten Atemzug, und sogar das ist nicht sicher. Meine Devise: Nicht jammern, sondern handeln! Durch jahrzehntelanges Forschen und durch die Begleitung von weit mehr als tausend Menschen habe ich herausgefunden, was ein wirkungsvolles Drehbuch zum Glück ausmacht. Neben meinem neuen Kommunikationsmodell, von dem mein Buch »Kopf frei!« handelt, meiner ungewöhnlichen und sicheren Methode zur Traumdeutung und dem Riesenprojekt zum »Erkenntnisfokus«, ist dieses Buch ein wichtiges Herzstück meines Schaffens. Hier ist es nun: Das Drehbuch zum Glück!

Mitserviert wird die Besonderheit, dass es keine Ratschläge und Tipps enthält, dass es nichts besser weiß, sondern Ihnen höchstpersönlich wirkmächtige Mittel und Fragen für die eigene Glücksregie an die Hand gibt.

Ihrer Kreativität bei dem Schreiben Ihres eigenen Drehbuchs zum Glück sind keine Grenzen gesetzt. Vielleicht möchten Sie erst einmal nur dieses Buch lesen oder parallel zum Lesen eine Art Drehbuch für sich selbst schreiben? Oder so viel in das Buch reinschreiben, dass es gleichsam zum eigenen Drehbuch wird?

Wie auch immer! Jeder kleine Schritt in Richtung Glück ist wie ein Lichtstrahl: Irgendwo fängt er an – nirgendwo hört er auf …

Wenn ich Sie bei der Erfindung und Befreiung unterstützen darf, so ist mir das jetzt schon eine Freude. Sie finden mich hier: www.ute-lauterbach.de

Regisseur werden

… umarmend umarmt …
Rainer Maria Rilke

Wer sich liebt, umarmt die Welt. Sich zu lieben bedeutet,

> sich bedingungslos zu bejahen,
> sich zu entfalten, ohne sich zu bekämpfen,
> einfühlsam und liebevoll die eigenen »Macken und Schwächen« als Startpunkt zu nehmen, um aus dem geliebten Frosch einen schönen Prinzen, eine glückliche Prinzessin zu machen.

Sowie dies vollbracht ist, passiert ein Wunder: Kaum stehst du als Prinz auf der Piste, umarmt dich die Welt. Eine Dreingabe gratis! Der Volksmund sagt: »Wie man in den Wald hineinruft, so schallt es heraus.«

So weit, so attraktiv, aber wie können wir so überzeugend und wohlklingend in den Wald hineinrufen, dass wir zum Magneten für ein beglückendes Echo werden? Anders gefragt, wie werden Sie Regisseur Ihres Glücks?

Beginnen wir auf dem Gipfel des Berges. Sind wir glücklich, dann ist unser Kopf frei und unser Herz weit. Alles ist gut. Leider finden uns (noch) zu viele Spielverderber des Glücks, als dass wir uns gleichmütig auf dem Gipfel halten könnten. Sowie wir die Gelassenheit verlieren, ist das Glücksgefühl weg, und wir landen im Gedankenkarussell. Das Warnsignal vermeldet Handlungsbedarf. Der erste Schritt ist eröffnet: Wir haben erkannt, dass wir aus dem Lot gerutscht sind. Jetzt gilt es, die Gefahr zu vermeiden, andere und das Leben zum Sündenbock zu machen. Stattdessen können wir den Blick auf uns selbst richten.

Das machen wir ganz einfach, indem wir erstens kapieren, dass wir unser Leben nicht ohne uns leben können. Es gilt also herauszufinden, was wir zutiefst wollen und uns wünschen. (Achtung: nicht auf die Hollywood-Schaukel oder ähnliche Glück versprechende Marktangebote reinfallen!) **Sich erkennen** ist die erste Devise! Wir finden heraus, was uns wirklich reizt, wonach wir uns sehnen, was das Leben für uns lebenswert macht.

Zweitens warten wir nicht, dass uns gebratene Täubchen schon in den Mund fliegen werden, sondern werden uns treu, indem wir alle Fähigkeiten, die wir für eine erfolgreiche Glücksregie benötigen, entwickeln oder steigern. Die zweite Devise ist also: nicht warten, sondern **sich selbst gerecht werden**!

Der Knaller dabei: Weil wir uns gerecht werden, kommen plötzlich doch Täubchen angeflogen. Die Devise: **Sich** wirklich zu **lieben**, ohne in egoistischen Sackgassen zu landen, erhellt die Welt derart, dass sie sich ihrerseits freundlich zeigt.

Sie lesen aus dieser Regieanleitung den Dreisatz der psychoenergetischen Integration heraus:

> Sich erkennen,
> sich gerecht werden,
> sich lieben.

Ein Beispiel: Hanna hat eine stressige Woche hinter sich und freut sich auf einen geruhsamen Sonntag mit Simon. In dieser wohligen Vision erwacht sie mit dem Gedanken: »Alles ist gut, wie herrlich!« Sie wendet sich im Bett dem Geliebten zu und sieht ins Leere. Sie denkt, wie lieb, dass er schon das Frühstück richtet. Also immer noch Berggipfel. Doch dann hört sie ihn auf dem Heimtrainer. Sie kann es nicht fassen! Am einzigen, gemeinsamen, freien Tag in der Woche steigt er unromantisch, sie vernachlässigend aus. Ihre Gelassenheit ist weg, und sie rotiert im Gedankenkarussell. Das Warnsignal leuchtet grell, und sie könnte der Gefahr erliegen, Simon verantwortlich zu machen.

Als Regisseurin ihres Glücks geht sie anders vor und fragt sich, was sie genau von Simon will. Ihre Antwort: Mehr Aufmerksamkeit und Fürsorglichkeit. Aha, da liegt das Manko! Die Frage »Wie fürsorglich bin ich selbst mir und anderen gegenüber?« deckt punktgenau auf, welches eigene Potenzial im Interesse des Glücks weiter ausgebildet werden müsste. Damit ist die 1. Stufe »sich erkennen« vollbracht.

Hanna verfeinert ihre Erkenntnis noch, indem sie sich klarmacht, welche Kompetenzen sie mehr im Vorwärtsgang leben müsste: sich selbst aufmerksamer und fürsorglicher begegnen, also Wahrnehmung und Bedürfnisbefriedigung. »Und wie genau?« Das fragt sie sich als Nächstes. Sie erkennt schärfer, wie sehr sie sich unter der Woche im Fast-Food-Modus abhetzt und von Simon kompensatorisch die Aufpäppelnummer am Sonntag erwartet. Eigentlich das, was sie sich in der Kindheit bereits gewünscht hat. Tja, und noch tiefer geschaut, lebt ihr Simon auf dem Heimtrainer vor, wie Eigen-Fürsorge aussehen kann. Also ein klarer Fall von Projektion. Und was würde Hanna richtig gut tun? Fünf Kilo abnehmen – das wäre Fürsorge vom Feinsten. Weniger Stress, besseres Essen! Und vor allem ihr bestes Tempo finden! Sie macht sich einen Umsetzungsplan für ihre Erkenntnisse, das heißt, sie schreibt am Drehbuch ihres Glücks. Durch die Umsetzung ihres Plans (2. Stufe) wird sie sich gerecht. Also Integration anstelle von Projektion! Eine Nebenwirkung: Sie hadert nicht mehr mit Simons Bewegungsdrang, weil sie sich selbst mehr bewegt. Sie liebt sich anders und mehr (3. Stufe). Das spürt auch Simon, der sich deshalb viel entspannter Hanna zuwenden kann. Da haben wir es: Die Welt umarmt zurück.

Drehbuchautoren wissen, dass sie letztlich für die ganze Glücks-Show ihres Lebens verantwortlich sind: für das Drehbuch, für die Regie, für die Rollen, die sie in ihren (Un-)Glücksszenen spielen, und für den Erfolg. Keine Ausrede. Irgendwann können wir das Spiel selbst spielen, anstatt uns im eingeübten Altmist zu verheizen; anstatt die nicht gelebten, eigenen Persönlichkeitsanteile ewig zu projizieren und dann draußen zu bekämpfen, was uns innen fehlt. Dann doch lieber draußen sehen, womit wir uns befreunden können, um innen zu erblühen. Kurz: Sowie Warnsignale aufleuchten, gilt es, die eigenen Persönlichkeitsanteile oder Hauptantriebe zu stärken.

Damit das gut gelingt und wir zielsicher an unserem Glücks-Drehbuch schreiben und den Neu-Entwurf unserer Rollen traumsicher verwirklichen können, brauchen wir eine klare Vorstellung von unseren diversen Persönlichkeitsanteilen, Hauptantrieben – eben dem ganzen Spektrum unserer Kompetenzen. Ich fächere das menschliche Potenzial in zwölf Grundantriebe auf. Und zwar: wollen, haben, wissen, fühlen, spielen, denken, lieben, bestimmen, lachen, streben, spinnen und sich übersteigen. Es geht nicht nur darum, diese zwölf Energien oder Fähigkeiten sauber zu unterscheiden, sondern vor allem auch darum, zu verstehen und im eigenen Erleben wiederzuerkennen, wie sich unsere Kompetenzen im Vorwärts- und wie im Rückwärtsgang darstellen; wie in der realen Umsetzung und wie in der Projektion.

Eins ist sicher: Auch wenn wir darin geübt sind, meist von der falschen Seite durchs Fernglas zu schauen – wir sehen in der Ferne draußen, was unserer inneren Verfassung entspricht. Wenn wir das wirklich begreifen, hören wir auf, das Außen für das Innen verantwortlich zu machen. Treffend veranschaulichen Hermann Hesse und Theodor Fontane diese penetrante optische Täuschung unserer »Wahrnehmung«. Hesse findet, dass alles, was wir an anderen hassen, ein Fingerzeig auf das ist, was wir an uns hassen. Uns regt an anderen nur auf, was wir in uns selbst nicht erlöst haben. Fontane veranschaulicht im gleichen Sinn sehr markant, dass wir in Welt und Menschen immer nur unseren eigenen Widerschein lesen.

Zugespitzt formuliert bedeutet das: Wir erliegen im unglücklichsten Fall nicht nur einer permanenten Wahrnehmungstäuschung, sondern verplempern überdies Energie und Lebensfreude im Schattenboxen. Schwenken wir um! Entwinden wir mittels realer Wahrnehmung unsere irreal gelebten – weil projizierten – Persönlichkeitsanteile dem Schattenkabinett unserer Psyche. Wie das im Detail geht, davon handelt dieses Buch. Wie das in flottem Wurf grob gelingt, sehen Sie an dem Beispiel von Hanna.

Wer einen Schreibplan für das Drehbuch seines Lebens anlegen möchte, geht am besten systematisch vor:

1. Erkennen, was mir die Gelassenheit raubt, was mich an anderen oder der Welt so sehr stört, dass ich nicht aktiv geradeaus denken kann, sondern mich reaktiv im Gedankenkarussell drehe.
2. Begreifen, dass ein nicht gelebter Persönlichkeitsanteil aufmuckt mit dem Appell, ihn zu befreien.
3. Wenn wir das ganze Potenzial des Menschen sowohl im Vorwärts- wie im Rückwärtsgang kennen, haben wir es leicht, zielsicher herauszufinden, wie wir es hochfahren können. Wenn wir es nicht differenziert kennen, können wir eher plump mit der Umkehrung der Projektionsrichtung spielen: Ich mache selbst in einer mir gemäßen Form, was mich an anderen stört.

4. Die gefundenen Handlungskonsequenzen umzusetzen bedeutet, seine Projektionen zurückzunehmen und dadurch glücklicher zu werden, sich selbst mehr zu lieben und deshalb die Welt leichter umarmen zu können.
5. Sich am zurückumarmenden »Wunder« freuen.

Noch bunter und herausfordernder zeigt sich unser Glückskurs, wenn wir bedenken, dass nicht nur eine einzelne Kompetenz besser auf Sendung sein möchte, sondern dass alle Antriebe parallel da sind und je nach Situation drei bis fünf Kompetenzen sich ineinander verhakeln oder im integrierten Modus in geschmeidigem Zusammenspiel wirksam sind. Woran wir das erkennen, wissen Sie: daran, dass unsere Gelassenheit kippt. Was uns noch fehlt, ist die präzise Differenzierung: So zeigen sich zum Beispiel im Stress, Neid, Ärger und Beleidigtsein jeweils verschiedene Grundantriebe in der Gegenwind-Ausgabe. Welche das genau sind und wie wir sie in förderlichen Rückenwind für unser Leben verwandeln können, entfalte ich auf den nächsten 256 Seiten für Sie.

Ab in die Glücksschmiede!

*Es ist nie zu spät,
eine gute Schulzeit zu haben.*

Die Schule ist eine grandiose Gelegenheit, die wir so verpassen, wie sie uns verpasst. So viel gesessen, so viel unnützes Zeug gelernt. Hätte es ein »Dachfach« gegeben – ein Fach, unter dessen Dach sich der Sinn, der Lebensbezug der anderen Fächer klar gezeigt hätte –, wäre es weniger öde und viel motivierender gewesen. Um dieses »Dachfach« geht es mir. Ich nenne es schlicht: »Lebenskunde«. Die Lebenskunde ließe sich in folgende Unterrichtsreihen auffächern: Gesundheit, Glück, Schicksalskunde, Liebes- und Beziehungskunde, die Grundantriebe des Menschen, Integration statt Projektion, Sinn und Unsinn des Lebens. In jeder Unterrichtsreihe verstehen und üben die Heranwachsenden, was glücklich macht, wie schön erfüllende Beziehungen sind, wie sie privat und beruflich erfolgreich werden, und vor allen Dingen lernen sie, dass das Glück nur dann von außen angeflogen kommt, wenn wir ihm von innen eine Landefläche bereiten. Wie das geht, ist schnell gesagt:

1. Wenn ich merke, dass ich vom anderen etwas brauche, um glücklich zu sein, frage ich mich, inwiefern ich mir das Gebrauchte selbst geben könnte.
2. Immer wenn ich bei mir selbst anecke, mich verstricke, mies drauf bin, ist Integrationsbedarf, denn jede Missbefindlich-

keit ist der Schrei einer nur spärlich gelebten Kompetenz nach Steigerung ihrer selbst.

Leicht gesagt! In der Tat! Aber welche Kompetenzen hat der Mensch, und welche müssen im Unglücksfall besser ausgebildet werden und wie? Das hätten wir im Schulfach »Lebenskunde« alles gelernt. Und wir hätten viel Zeit gespart. Jeder kennt jemanden, der sich Jahrzehnte sinnlos abschuftet oder frustriert rumhängt, bis die Sinn- und Glücksfrage nicht länger überhörbar ist. Sie will eigens gestellt und beantwortet werden. Warum sollten wir das Wichtigste, unser Glück, dem reinen Zufall überlassen? Wäre es nicht viel überzeugender, wenn jedes Elternhaus, jeder Kindergarten und jede Schule zur Schmiede, zur Glücksschmiede würde?

Zu spät für Sie? Ihre Schulzeit ist vorbei, Ihren Eltern haben Sie schon das Inkompetenz-Zertifikat ausgestellt? Macht nichts. Es ist nie zu spät, die Glücksschmiede zu betreten. Ihr Bedürfnis, sich auf Glückskurs zu begeben, hat Sie die Schwelle zur Glücksschmiede bereits überschreiten lassen. Wunderbar. Nun geht es Schritt für Schritt durch die verschiedenen Bereiche der Schmiedekunst. Das Handwerkszeug wird Ihnen gleich gereicht. Mögen Sie es für Ihre Kinder, Ihre Eltern, Ihre Geliebten, Ihre Freunde und vor allen Dingen für sich selbst nutzen können!

Lebensnavigation

Lebensplanung ist das Ersetzen
des Zufalls durch Irrtum.
Woody Allen

Irgendwie kommen wir ja alle durch. Die Frage ist nur, *wie* wir durchkommen. Ob uns eine weise Navigation in die beste Richtung lenkt oder uns doch nur mehr oder weniger Teufel reiten! Steuern uns Amok, »Normok«, verfestigte »Trauma-Mocken«, Gene, Hormone, Lebensmuster?

Was passiert, wenn wir uns sabotieren? Wenn verschiedene Persönlichkeitsanteile nicht mit-, sondern gegeneinander agieren? Statt Synergie Dys-ergie?

Tatsache ist, dass wir trotz diverser zum Teil unerbittlicher Steuerungsinstanzen dem Lebensspiel nicht nur ausgeliefert sind, sondern es auch mitgestalten können, und zwar in Richtung Glück oder Unglück. Es macht jedoch nur Sinn, wenn unsere Mitgestaltung kein Futter für Amok und Konsorten darstellt. Eigentore lohnen die Anstrengung nicht. Anders: Wer sein Glück schmieden will, darf nicht in der Pechschmiede stehen. Sonst bewahrheitet sich der obige Satz von Woody Allen. Der uns glücks-, veränderungs- und gestaltungsmäßig einnordende Ansatz müsste Kurs halten auf eine Art Polarstern, der so hell leuchtet, das der Kurs stabil gehalten werden kann. Wie kann eine überzeugende inhaltliche Füllung eines solchen Polarsterns aussehen?

Er darf nicht mit einer Willküridee bestückt werden, sondern mit einer offenen, unendlichen Theorie beziehungsweise einem

Entfaltungsmodell, das der evolutionär ausmachbaren Richtung entspricht. Und die verläuft von weniger zu mehr Bewusstsein, Komplexität und Inhalt.

Unseren Drang nach dem guten Leben, dem Glück, der Liebe, dem Wahren, Schönen und einem freien Kopf nenne ich mit anderen Philosophen *Eros*.[1] Unglück zu fliehen, Leid und Schmerz meiden zu wollen, ist Ausdruck von *Eros*. Auch wenn's in die Hose geht, bleibt *Eros* der Drahtzieher der Evolution und Entwicklung.

Folgende Skizze zeigt die drei Ebenen der hier auszuarbeitenden Anthropologie:

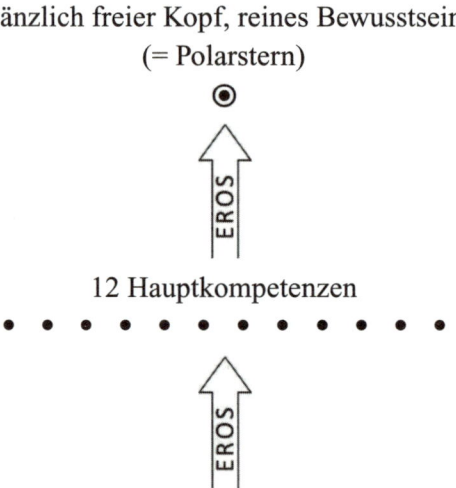

gänzlich freier Kopf, reines Bewusstsein
(= Polarstern)

12 Hauptkompetenzen

alle Projektionsflächen und Ausdrucksformen des Lebens

---

1   Vgl. Platon und Wilber. Wobei zu bemerken ist, dass dieser Drang bei viel mehr Philosophen thematisiert wird, aber nicht als »Eros« bezeichnet wird. Bei Nietzsche heißt er »Wille zur Macht«. Der Fett- und Kursivdruck grenzt Eros verstanden als Omega-Punkt der Evolution ab gegen »Eros« im Sinne des nur sinnlich sehnenden Drangs. Stellen Sie sich Eros als personifizierten, die Evolution lenkenden Sog vor. Handlanger von *Eros* ist übrigens Eros…

Der gänzlich freie Kopf steht an oberster Stelle, denn er ist Inbegriff und zugleich Ziel der Glückssuche. Darunter die zwölf Hauptkompetenzen, die je nach Ausdrucksniveau als Gegen- oder Rückenwind unser Leben bestimmen. Wiederum darunter das konkret gelebte Leben mit all seinen Tücken und »Glücken«. Die Pfeile geben die Blickrichtung der Glücksregie an. Jetzt finden wir heraus, welche Kompetenz uns braucht, damit unser Kopf freier wird.

Wenn es gut läuft ...

Der Mensch ist nicht zum Vergnügen,
sondern zur Freude geboren.
Paul Claudel

Wie fühlt es sich an, wenn wir mit dem richtigen Fuß zuerst aufgestanden und so richtig glücklich sind? Vielleicht gab oder gibt es gar nicht unbedingt einen äußeren Anlass für das vollendete Glücksgefühl. Oder doch? Wie auch immer – betrachten wir, wie es sich auf der Erlebnisebene *anfühlt*, richtig glücklich zu sein. Also wir schwenken jetzt von der Ereignis- zur Erlebnisebene. Die **Ereignisebene** ist zum Beispiel dieser wahnsinnig innige Kuss bei Mondschein auf Kreta. Die **Erlebnisebene** kennen Sie selbst am besten.

Fragen Sie sich:
> Wie fühlt es sich für mich an, wenn ich so richtig glücklich bin?

Ich habe Hunderte von Menschen befragt, wie sich äußerstes Glück für sie anfühlt – was in ihnen passiert, wenn sie so richtig glücklich sind. Die Antworten waren immer ähnlich. Ich stelle sie für Sie zusammen, und Sie können überprüfen, ob die Glückseligkeitsstimme in Ihnen auch in dieser Art spricht oder sprechen könnte.

Hier die Antworten:

Hell, voll, wie ein Geschenk, maximale Energie, innere, selbstverständliche Klarheit, nichts infrage stellend, Intuition, selbstverständliche Kreativität, außerhalb von Zeit und Raum, zeitlos fließend, es läuft einfach, Weite, Weitblick, neue Perspektiven sein, Leichtigkeit und sich verbunden fühlen und vertrauen, Zuversicht, Urvertrauen, eingebettet sein, Unbekümmertheit, Einssein, Gleichklang, beflügelt, grundlos glücklich, frei, losgelöst, keine Bewertungen, fröhliche Selbstverständlichkeit, selbstliebend, tiefer Frieden, selbstvergessen, mehr in sich ruhend, souverän, frei von innerem und äußerem Erwartungsdruck, körperliches Wohlbefinden, intensives Dasein, beseelt, dankbar, einfach, nicht denken müssen, inhärente Struktur, eingebunden sein ins Ziel, Richtung Sehnsuchtssog, allumfassend, Effizienz aus sich heraus, einfach sein.

Bemerkenswert an dieser Aufzählung ist, dass wir alle diesen Merkmalen zustimmen können, dass wir sie alle in dem beschriebenen – »geschenkten«, nicht machbaren – Zustand erleben können. Diesen Zustand kennzeichnet eine entspannende Lockerung unserer Identifikation mit dem eigenen Ich. Anstatt angestrengt im Ich zu strudeln, sind wir in uns selbst überschreitender Freude und »Effizienz«. Ähnlich dem Flow-Gefühl. Spannenderweise beschreiben die in der allgemeinen Erfahrung gesichteten Merkmale den nächsten evolutionären Entwicklungszustand. Polarstern lässt grüßen! So kommen wir auf dem induktiven – dem bei der Erfahrung ansetzenden – Weg zum selben Ergebnis wie auf dem Weg, den die Entwicklungspsychologie und die Evolutionsforschung gefunden haben.

Philosophisch betrachtet liefert uns unter etlichen anderen Nietzsche mit dem »Willen zum Willen« einen Königsweg zum geschmeidigen, synergetischen Rundlaufen unserer Kräfte, wie sie im Flow-Zustand beschrieben werden.

Halten wir in Sachen Glück als Fazit fest:

> Ein freier Kopf und ein weites Herz sind der Inbegriff des Glücks. In der Vollendung erleben wir Glückseligkeit.

Dieses Fazit entspricht dem Polarstern, also dem Dreh- und Angelpunkt meiner Anthropologie. Sie ist letztendlich auf diesen Punkt ausgerichtet.

Denn: Kopf frei = Glück da!

Menschenkunde auf Zukunftskurs

Die Wahrheit ist selten so oder so.
Meistens ist sie so und so.
Geraldine Chaplin

Anthropologie ist die Lehre vom Menschen. Je nach Blickwinkel konkurrieren oder koexistieren verschiedene Akzentsetzungen in der Anthropologie. Etwa:

> Der Mensch ist ein Mängelwesen[2], weil er sich nicht ohne Weiteres auf freier Wildbahn behaupten kann.
> Den Menschen kennzeichnet der Drang nach Vervollkommnung. Perfektibilitätsstreben. Logisch, wo Mangel ist, ist auch der Wunsch nach Behebung desselben.
> Der Mensch hat ca. 212 Knochen. Eine biologische Akzentsetzung.
> Der Mensch ist ein defizitärer Sünder, ein widerlicher Perfektionist oder Leistungshengst.

Mich langweilen solche Bestandsaufnahmen. Sie auch? Vielleicht machen wir viel zu viel Brimborium um den Menschen und das kurze Leben hier. Als Ilse Aichinger einmal gefragt wurde, ob sie Menschen möge, verneinte sie. Es gebe zu viele Exemplare vom Menschen, und obendrein sei der Mensch nicht

---

2   Vgl. Arnold Gehlen, *Der Mensch. Seine Natur und seine Stellung in der Welt.* Berlin 1940

wirklich bekömmlich. Wären wir Menschen bekömmlicher für
einander, dann machte es nichts, dass es so viele Exemplare gibt.

Eine evolutionäre Entwicklungstendenzen berücksichtigen-
de Anthropologie ist eine Art Bekömmlichkeitsförderung. Und
das fasziniert mich. Ich setze auf eine Innenschau, die den Menschen in seinem Wesen, seinen Kompetenzen, seiner Sehnsucht
und seinem Streben nach Glück nicht nur erfasst, sondern ihn
abholt und fördert. Mir geht es um eine Anthropologie, die nicht
nur den Status quo abbildet, sondern die dem Streben nach
Glück, Zufriedenheit, Erfüllung, Bejahung durch alle Seelentie-
fen und Abgründe hindurch Rechnung trägt. Anders gesagt: Es
geht mir um die Zukunft des Menschen, um Berücksichtigung
evolutionärer Tendenzen, damit wir nicht im »Willkür-Glück«
scheitern, sondern im evolutionär angelegten Sehnsuchts-Glück
erblühen.

Es geht um das, was wir sein können, und nicht nur um das,
was wir gerade sind. Was wir jeweils sind, was wir erleben und
was uns widerfährt, ist entscheidender Ausgangspunkt, aber
nicht Endpunkt unserer Menschenkunde auf Zukunftskurs.

Mein Anliegen ist, eine Anthropologie, eine Menschenkunde
vorzulegen, in der der Mensch die Kunde selbst ist und nicht
durch eine Lehre gesehen und womöglich beschnitten wird.
Diese Offenheit beschreibt ein Denksystem, das von dem zu er-
fassenden Gegenstand – hier dem Menschen – selbst ausgefüllt
und bestimmt wird, anstatt ihn zu bestimmen. Es geht um das
Wagnis einer offenen, theoriefreien Theorie, in welcher der
Mensch für sich selbst durchsichtig und verstehbar wird.

Um es auseinandergepflückter zu sagen: Das *Theoriefreie*
besteht darin, dass der Mensch als wandelndes Geheimnis und
als entwicklungsoffenes Wesen nicht in seiner Wesenstiefe und
Individualität theoretisch verkürzt wird und nicht seiner Offenheit beraubt wird. Die *Theorie* besteht darin, dass sie ihren se-
kündlich sich wandelnden Stoff aus der Introspektion des Ein-

zelnen gewinnt und ihn lediglich anhand einer erlebnisoffenen Skala differenziert und so Steigbügel für *Eros*, den Drahtzieher der Entwicklung, liefert. Damit entsteht der enorme Vorteil, dass die Stoßrichtung der Entwicklungs- und Entfaltungsgeschichte des Menschen durch diese introspektive Komponente gezielt gefördert werden kann.

Ich verfolge also ein systemloses System, eine gleichsam gläsern-durchsichtige Theorie, die wie Luft passgenau ihren Gegenstand vollkommen umspielt, ohne ihn zu verdecken.

Ganz praktisch mündet das alles in einer therapiefreien Therapie, die lediglich Rückenwind der in uns angelegten Entwicklungsrichtung ist. Gefragt sind hier der Mut und die Kunst, das Denken über alle Gedanken und alles Wissen zu stellen.

Ich möchte Ihnen also das Navigationssystem einer dynamischen, offenen Anthropologie vorlegen. Mich leiten Fragen wie:

Was macht den Menschen aus?

Was ist sein Potenzial?

In welche Richtung geht die menschliche Entwicklung?

Wie können wir diese Richtung erkennen und fördern?

Und Sie? Welche Fragen und Antworten bewegen Sie?

Mein Blick ist also nicht auf die Anzahl der Knochen gerichtet, sondern auf die Fähigkeiten und Möglichkeiten des Menschen. Ich differenziere bei dieser anthropologischen Arbeit in dreifacher Hinsicht:

Erstens unterscheide ich rund zwölf Kompetenzen.

Zweitens differenziere ich das jeweilige Ausdrucksniveau einer Kompetenz anhand der von mir entwickelten Bewusstseinsskala. Mir liegt daran, jetzt schon klarzustellen, dass ich den Begriff »Niveau« nicht in moralischem Sinn verstehe, sondern nur im »Mehr-oder-weniger-Kopf-frei-Sinn«.

Drittens knüpfe ich an das bekannte »Wie innen, so außen« an und unterscheide in Analogie zu den verschiedenen Kompetenzen auch verschiedene Projektionsflächen für die jeweiligen Kompetenzen. Wenn wir sagen: »Wie innen, so außen« oder »Wie oben, so unten«, dann ist das recht unklar, denn welches Außen gehört zu welchem Innen? Und genau das möchte ich aufblättern für Sie.

Das heißt, es geht immer darum, die Kompetenzen, ihr jeweiliges Ausdrucksniveau und ihre Projektionsflächen zu verstehen. Verstehen heißt, sie in ihrem innersten Wesen zu erfassen – sowohl konkret als auch abstrakt. Deshalb spreche ich von Grundantrieb. Was macht eine Kompetenz, einen Persönlichkeitsanteil im Grund oder im Kern aus? Was ist das charakteristische Prinzip? Haben wir einen klaren Begriff von ihm, dann können wir durch diese Prinzipienkenntnis alle Projektionsflächen erkennen, sogar solche, die es jetzt noch gar nicht gibt. Zum Beispiel gab es die von mir so genannte Kompetenz *Pusher* mit dem Auftauchen des Menschen. Also lang vor der Entwicklung von Raketen. *Pusher* drängt nach vorn, eine Rakete ebenso. Deshalb ist es leicht, Raketen *Pusher* zuzuordnen, weil sie die Qualität dieses Prinzips repräsentieren.

Das Wort »Prinzip« ließe sich weiter erläutern durch Begriffe wie Ausdrucksqualität, Archetyp, Avatar der Seele, Grundbaustein des menschlichen Persönlichkeitsspektrums oder Wesensmerkmal einer Kompetenz. Die einzelnen Kompetenzen sind klar unterscheidbare Qualitäten oder Antriebe in jedem Einzelnen. Zum Beispiel erlebt jeder ganz deutlich den Unterschied zwischen Wollen, Denken und Fühlen.

Entscheidendes Kriterium meiner anthropologischen Ausarbeitung ist, auf Glücksspuren nicht mehr blind herumzutasten, sondern präzise zugreifen zu können. Das klingt kompliziert und komplex. Und das ist es in gewisser Weise auch. Aber keine Sorge! Ich habe alles in so klare Kompetenz-Bausteine zerlegt und so anschaulich aufbereitet, dass es nicht gelingt, nicht zu verstehen, worum es mir geht.

Als Vorgeschmack der Differenzierung des Ausdrucksniveaus einer Kompetenz folgt ein Beispiel. Nehmen wir das Wollen. Was passiert, wenn wir etwas wollen, aber nicht so können, wie wir wollen? Vermutlich ärgern wir uns. Gegen die Wand gewollt = geärgert. Spüren Sie bitte mit: Wenn Sie können, was Sie wollen, ist Ihr Kopf freier, als wenn Sie nicht können, was Sie wollen. Und wenn wir genau spüren, dann können wir in unserer Befindlichkeit deutlich den Augenblick ausmachen, in dem wir vom freien Agieren ins unfreiwillige Reagieren kippen.

Das wichtigste Werkzeug zur Differenzierung ist die Bewusstseinsskala. Sie ermöglicht uns nicht nur, verschiedene Ausdrucksebenen einer Kompetenz aufzublättern, sondern auch zu verifizieren, inwiefern diese tatsächlich nur unterschiedliche Klänge in einer präzis auszumachenden, erlebbaren Grundmelodie sind. Die jeweilige Grundmelodie ist der unverkennbare Charakter einer Kompetenz. Die Bewusstseinsskala differenziert die Miss- und Wohlklänge unseres Potenzials. Widmen wir ihr für eine Weile unsere Aufmerksamkeit.

Die Bewusstseinsskala

Ich erlange das Bewusstsein,
Bewusstsein zu haben.
Fernando Pessoa

Wenn Ihr Partner mit überheblichem Tonfall zu Ihnen sagt:
»Was du für Unordnung hältst, ist Ausdruck meiner Genialität«,
dann ist es nicht unwahrscheinlich, dass Sie sich ärgern und Ihre
Stimmung in den Keller sinkt. Sie schlittern auf meiner Bewusstseinsskala, die von null bis hundert reicht, beim Kipp-
Punkt in der Mitte unter fünfzig. Differenzieren wir unsere Befindlichkeit und das Glück anhand der Bewusstseinsskala.

Wir lassen hier alle Ausdrucksformen des Lebens über die
Skala spazieren. Bei der Skizze auf Seite 18 waren sie ganz unten. Ziel ist nach wie vor der freie Kopf.

Es ist aber nicht nur Ärger, was uns auf der Skala unter fünf-
zig kippen lässt. Auch Neid, Hass, Eifersucht, Druck, Sorgen und
Angst haben es in sich. Worauf ich hinaus möchte: Das ganze
Schmerzspektrum unserer Emotionen sind ungemütliche Aus-
drucksformen verschiedener Kompetenzen. Je ungemütlicher,
desto unfreier ist unser Kopf und desto enger unser Herz. Beim
Nullpunkt auf der Skala haben Kopf und Herz auf Kurzschluss
geschaltet. Hier fliegen in der Auseinandersetzung die Teller. Das
Gegenteil erleben wir am anderen Ende der Skala: Hier sind
Kopf und Herz ganz frei und weit. Innere Fülle und äußerste
Klarsicht lassen uns glückselig sein (= Polarstern). Es ist etwa
das Gefühl, vor lauter Glück die ganze Welt umarmen zu können.

Das Glück und die Befindlichkeit zwischen obermies und supergut
wachsende Selbstwahrnehmung auf der Bewusstseinsskala vom Nullinger zum Fullinger

Nullinger	KippPunkt	Fullinger
Null Anstand	Neutral objektiver	Innere Fülle, full sight.
zu sich selbst.	Abstand zu sich selbst.	Keine Identifikation
Totale Verstrickung	Kipp-Punkt: Gelassenheit ade!	mit dem Ich.
= Ich-Schwäche und	Oder Wendepunkt:	Kopf und Herz
deshalb Egoismus	Zunahme der Ich-Stärke	sind frei.

Bewusstseinsskala© Ute Lauterbach

0	50	100
Nullinger	**Übergang**	**KippPunkt**	**Übergang**	**Fullinger**

obermies drauf	mies drauf	drauf	gut drauf	supergut drauf
Spielverderber hat	Kampf mit dem	Meisterung der	wachsende	das Sein
gewonnen und	jeweiligen	Spielverderber	Lebensgestaltung	berühren und
trumpft	Spielverderber	des Glücks	Eigenverant-	Erfüllung spüren
auf	des Glücks		wortung anstelle	
			von Opfertum	
Verzweiflung	**Unglück**	**Zufriedenheit**	**Glück**	**Glückseligkeit**

Wie die Skizze oben zeigt, verfügt die Skala über drei ganz markante Punkte – bei null, fünfzig und hundert –, die jeder Mensch in sich wiederfindet. Deshalb versinnbildlicht sie eine allgemein menschliche Erlebensspanne. Und sie hilft, die persönliche Situation genau zu erfassen. Ist unser Kopf überhaupt nicht frei, zum Beispiel, weil wir innerlich am Anschlag sind, dann haben wir null Abstand zu uns und zum Leben. Und wir haben null seelischen Spielraum. Diesen Punkt am linken Ende der Bewusstseinsskala nenne ich **Nullinger**. Mit Abstand betrachtet – was ja am Nullinger gerade nicht möglich ist –, können zum Beispiel Zornige ihr Verhalten im Nachhinein nicht als freiwilliges Agieren einstufen. Sie waren vielmehr Opfer ihrer unfreiwilligen Reaktionen – fernab von Freude und eigenmächtiger Lebensgestaltung und vom Seinsgrund. Ihr Bewusstsein wurde vollständig verdunkelt. Zappenduster.

Fragen Sie sich:
> Was raubt mir jeglichen inneren Spielraum? Wann war ich zuletzt an diesem Punkt? Wie fühlt sich der Nullinger für mich an?

In seltenen seligen Augenblicken ist unser Kopf ganz frei. Dann jubelt unser Herz, wir erleben innere Fülle und haben größtmöglichen Abstand zu allen Verstrickungen und deshalb eine volle Sicht, full sight. Wir können vom **Fullinger** am rechten Ende der Bewusstseinsskala sprechen. Diese so außergewöhnliche Erfahrung machen manche beim tiefen Erleben von Schönheit – sei es in der Kunst oder Natur. Oder in Momenten, wo wir uns richtig kaputtlachen. Unser göttliches Selbst ist einfach das, was von uns übrigbleibt, wenn wir uns totgelacht haben.

Fragen Sie sich:
> Wann habe ich mich kaputtgelacht? Wie hat es sich angefühlt? Kenne ich selige Momente der Hingabe an das Schöne? Wann habe ich den Kopf ganz frei? Wie lebte ich, wenn ein freier Kopf mein höchstes Ziel wäre?

Genau in der Mitte ist der **KippPunkt**. Hier beginnt oder verabschiedet sich die Gelassenheit. Zum Beispiel, wenn der Partner sagt, »Ich hätte wirklich eine schönere Frau verdient.« Oder sie: »Ohne dich wäre die Welt ein friedlicherer Ort.« Dann beginnt die Verstrickung. Die Gelassenheit ist futsch. Der Kopf ist nicht mehr so frei. Wir sind unterhalb der Mitte auf der Skala. Unsere Stimmung und unsere Lebenskompetenz kippen an diesem Punkt ins Reaktive. Reaktiv bedeutet: Ich gehe mir fremd, komme mir abhanden, bin Opfer meiner Emotionen. Meine freie Wahl, meine Selbstbestimmung, ist unfreiwilligen Reaktionen gewichen. Anders gesagt: Ich bin mies drauf, sowie ich die neutrale Mitte Richtung Nullinger verlasse.

Eine Wende zur Selbstbestimmung und freiwilligen Lebensgestaltung kann erst eintreten, wenn wir oberhalb von fünfzig heiter und kreativ unser Ding machen. Wer freudlos vor sich hinrackert oder unbefriedigt rumhängt, ist unter fünfzig gen Nullinger unterwegs.

<u>Fragen Sie sich:</u>
> Wann kommt mir die Gelassenheit abhanden? Wann sehe ich das Leben einfach so, wie es ist – also ohne Deutungen, die emotional geladen sind?

Die Bewusstseinsskala *veranschaulicht*, aber legt nicht fest. Ausschlaggebend für die jeweilige Positionierung des Kopffrei-Grades ist das eigene Empfinden.

Mithilfe der Skala lässt sich leicht herausfinden, was wir tun können, um unseren Kopf freier und unser Herz weiter werden zu lassen.

Die drei Punkte Nullinger, KippPunkt und Fullinger sind Ihnen jetzt geläufig. Ein weiterer Zentralbegriff ist das **Bewusstsein** selbst: Das Bewusstsein ist der Raum, die Leere und die Weite, in der alle Erfahrungen auftauchen. Die Offenheit und Unendlichkeit des Bewusstseins sind uns in unterschiedlichem Ausmaß zugänglich – je nachdem, wie sehr unser Kopf und Herz von dem Auftauchenden gefangen genommen werden. Je freier unser Kopf und je weiter unser Herz, umso weniger Schatten trüben unser Bewusstsein und umso wacher sind wir. Die Farbe der Luft ist ihre Durchsichtigkeit, die Farbe des Bewusstseins ist seine inhaltslose Weite. Das Bewusstsein berührt uns am deutlichsten, wenn wir nichts denken, nicht schlafen, nicht träumen, sondern in wacher Präsenz einfach nur sind. Das ist die Selbsterfahrung des Geistes, um es philosophisch zu formulieren.

Das reine Bewusstsein ist nur geistige Präsenz und Wachheit. Das etwas weniger reine Bewusstsein meinen wir, wenn wir sagen, dass jemand bewusst bei der Sache ist. Also ohne Ablenkung konzentriert und eigenbestimmt ist.

Das Bewusstsein ist der Horizont, in dem alles auftaucht. Wie eine Bühne, auf der gespielt wird. Ohne Bühne kein Theater. Ohne Bewusstsein keine Erfahrung.[3] Und je nach Bewusstheitsgrad (= Grad des freien Kopfes und weiten Herzens) variiert auch die Erlebnisqualität innerer Kompetenzen.

Nun haben Sie einen Begriff von der Bewusstseinsskala. Sie ist im Grunde ein multidimensionales Differenzierungs-Tool, das hier dazu dient, unsere markantesten Kompetenzen in allen Nuancen zu erfassen. So zeigt sich zum Beispiel das Wollen im Kurzschlussmodus als Tobsuchtsanfall und am anderen Ende der Skala und des Erlebensspektrums als das glückselige Erleben reiner Energie.

In diesem vorbereitenden Kapitel habe ich bereits ein Licht auf die erste Kompetenz namens **Pusher** geworfen.

Bald stelle ich Ihnen die zwölf Kompetenzen vor und differenziere sie alle anhand der Skala. Je nach Differenzierungslust und Akribie könnten wir es sicher schaffen, noch mehr Kompetenzen auszumachen. Hier stellt sich wieder eine meiner Lieb-

---

3 Susan Blackmore sagt in diesem Sinne im Namen der Wissenschaft *»What it's like to be a bat ...«: »If there is something it is like to be an animal (or computer or baby) then that thing is conscious. Otherwise it is not.«* – *»Wie fühlt es sich an, eine Fledermaus zu sein ...«: »Wenn es sich irgendwie anfühlt, ein Tier zu sein (oder ein Computer oder ein Baby), dann ist das Ding bewusst.«* Aus: Susan Blackmore, *Consciousness.* Oxford University Press, 2005, S. 6

lingsfragen: »Wie viel weniger ist mehr?«[4] Ausführlich gehe ich
auf zwölf Kompetenzen ein und präsentiere Ihnen in einer tabel-
larischen Übersicht auf Seite 187 siebzehn Kompetenzen.

Ziel meiner anthropologischen Ausarbeitung ist das Abenteuer,
sich selbst besser zu verstehen und sein Potenzial leichter und
punktgenauer entfalten zu können. Eben sich erfinden zu können!

In der folgenden Abbildung »Wie navigiere ich mich auf der
Bewusstseinsskala zum Glück?« schauen wir uns den Blitzex-
press zum freien Kopf an.

Und wenn Sie schön entsprechend gehandelt haben, umarmt
Sie die Welt. Ob Sie das als Quanten-Resonanz-Feld denken
wollen oder einfach nur die Erfahrung genießen wollen, bleibt
Ihrer Vorliebe überlassen.

---

4   Siehe dazu das gleichnamige Büchlein *Wie viel weniger ist mehr?*

Sich auf der Bewusstseinsskala zum Glück navigieren

Auf der Bewusstseinsskala vom Nullinger zum Fullinger sehen Sie die ganze Bandbreite der (Un-)glückshaltigkeit eines bestimmten Lebensthemas und erkennen seine *allgemeine* Glücks-Fluglinie. Die folgenden drei Schritte navigieren Sie zum Glück.

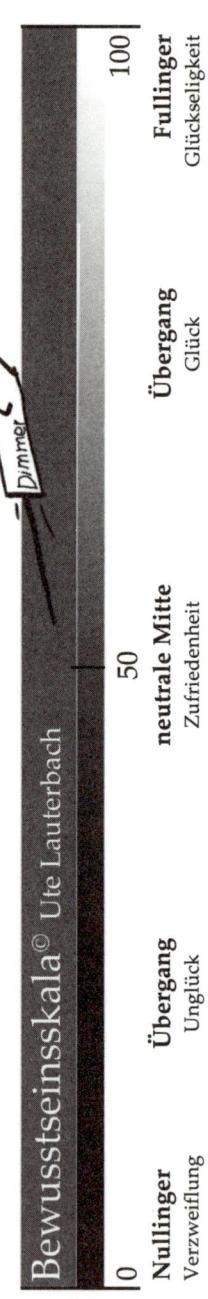

| Bewusstseinsskala© Ute Lauterbach | | | | |

0		50		100
Nullinger	**Übergang**	**neutrale Mitte**	**Übergang**	**Fullinger**
Verzweiflung	Unglück	Zufriedenheit	Glück	Glückseligkeit

1. Ich nehme wahr, wann sich meine Gelassenheit verabschiedet und ich ins Gedankenkarussell bzw. die unfreiwillige Reaktion gerate. Ich positioniere mein *individuelles*, momentanes Erleben eines Themas auf der Bewusstseinsskala. Sei es Ärger, Eifersucht, Krankheit, Stress usw. Dabei bildet die Frage: „Wie frei ist mein Kopf?" den Gradmesser für die Positionierung.

2. Ich frage mich: „Was würde mir in der jeweiligen Angelegenheit den Kopf freier, das Herz weiter machen?"

3. Im letzten Schritt formuliere ich wie meine Antwort auf die Frage, was mir den Kopf freier und das Herz weiter machte, als praxisnahe Handlungskonsequenz aussieht. Und ich handle entsprechend.

Potenzial entfalten und die Bewusstseinsskala

Glückliches Leben ergibt sich nicht
durch das Vermeiden,
sondern durch das Überwinden von Anstrengungen.
Elisabeth Noelle-Neumann

Am Gelassenheitspunkt in der Mitte der Bewusstseinsskala beginnt die Selbstwirksamkeit. Vorher verhindern wir die volle Entfaltung unseres Potenzials durch verschiedene Abwehrmechanismen. Ist ja typisch Mensch: sich zum Beispiel lieber in der Sündenbockpflege über Jahrzehnte zu verheizen, als sich selbst zu fördern …

In den folgenden zwölf Kapiteln sehen Sie, wie sich unser aller Potenzial in einzelne Kompetenzen auffächern lässt. Das Umsetzungsniveau und die Ausdrucksform Ihrer Kompetenzen finden Sie anhand der Bewusstseinsskala genau abgebildet. So schärft die Skala die Wahrnehmung dafür, in welchen Bereichen wir uns noch um die Selbstbefreiung und die Stabilisierung unserer Selbstwirksamkeit kümmern können. Dabei sacken wir einen schönen Zusatzgewinn ein: Die Selbstwirksamkeit ist nämlich Voraussetzung für Wir-Wirksamkeit, also für erfüllendere Partnerschaften und Freundschaften, sowie für gute Teamarbeit, für den Zugewinn durch synergetische Effekte und gegenseitige Förderung.

Noch mal anders: Die Kompetenzen oder Grundpotenziale können alle auf ganz unterschiedlichen Ebenen ausgedrückt werden. Die jeweilige Umsetzungsform hängt davon ab, in welchem Ausmaß die Kompetenz zur Verfügung steht. Und das wiederum können wir ganz leicht herausfinden, wenn wir unsere persönliche Erlebensweise einer Kompetenz mit den sie differenzierenden Eintragungen auf der Skala vergleichen.

Gehen Sie so vor:
> Fragen Sie sich als Erstes, inwieweit Sie die angesprochene Kompetenz zur Verfügung haben. Wo auf der Bewusstseinsskala erleben Sie sich generell und wo in bestimmten Situationen – immer auf die untersuchte Kompetenz bezogen.
> Und als Nächstes probieren Sie die Passepartout-Frage: Was müsste ich bezüglich dieser Kompetenz tun, um den Kopf freier zu haben?
> Dann gehen Sie die Fragen zur Bestandsaufnahme und Steigerung des jeweiligen Potenzials durch.
> Der krönende Abschluss ist natürlich die Umsetzung, wobei gilt: Kleine Schritte sind besser als große Vorsätze.

Und jetzt geht es los. Ich stelle Ihnen die Kompetenzen vor. Der Einprägsamkeit wegen habe ich den verschiedenen Kompetenzen Eigennamen verliehen.

Wir beginnen mit der Kompetenz, der ich den Namen **Pusher** gegeben habe. Wenn Sie Lust haben, können Sie vorab raten, welche Verhaltensweisen, Facetten, Aspekte und Projektionsflächen Sie sich unter dieser Kompetenz vorstellen.

Als Blitzeinstieg hier eine Tabelle, die alle Grundantriebe zeigt. Mit Namen sowie introspektiver Erlebensform.

Bezeichnung der Kompetenz	Introspektiv erlebt als
Pusher	Wollen, Drängen
Besitzer	Sicherheit, Neid, Gier, Dankbarkeit
Wissbegier	Neugier, Lernbedürfnis
Fühlende	Fühlen, Geborgenheit, Bei-sich-Sein
Majestät	Selbstbewusstsein, Selbstwirksamkeit
Denker	Denken, Vernunft
Charmeur	Kontaktwunsch
Planer	Vorstellungskraft
Global Player	In die Weite und Tiefe gehen, Sinnsuche
Streber	Ehrgeiz, Anspruch
Spinner	Aufbegehren, Freiheitsdrang
Visionär	Sehnsucht über sich hinaus …

PUSHER

ERKENNEN + GERECHT WERDEN + LIEBEN

Sie zuerst!

Fantasieren und assoziieren Sie, was sich hinter diesem Namen verbergen könnte:

Dachten Sie an:

Power, Drängeln, Durchsetzung, Akquise, Willenskraft, Energie, Abenteuer, Kampf, Ärger, Wut, Fitnessstudio, Kraftprotz, Triebe, Sturm und Drang? No risk, no fun? Neuland erobern? Sportwagen, scharfe Schnäpse und blutiges Holzfällersteak?

Sie haben einfach das Pushen in sich selbst geortet und sind auf diese oder ähnliche Begriffe gekommen? Super!

Pusher kennenlernen

Größten Mut braucht das Wagnis,
als der Mensch zu erscheinen, der man wirklich ist.

John Spalding

Schärfen wir zunächst unsere Wahrnehmung für diese Kompetenz, indem wir sie introspektiv aufspüren.

Fühlen Sie in sich hinein, und orten Sie *Pusher* so genau wie möglich.

<u>Fragen Sie sich:</u>
Wie erlebe ich meine Power, meinen Antrieb, meine Initiativ- und Tatkraft? Wie fühlt sich mein reines »Ich will!« an?
<u>Wie sehr stimmt für Sie:</u> »Ich will, also bin ich«?

Wenn Sie sich ganz präzise auf Ihr Erleben konzentrieren, dann haben Sie die Kompetenz *Pusher* introspektiv geortet.

Antrieb und Durchsetzungsfähigkeit können unsere innere Bühne auch als konstruktive oder destruktive Ungeduld betreten: Ich will raus hier. Ich will aufbrechen. Ich will mit dem Kopf durch die Wand, Hindernisse nicht spürend und nicht kennend. Das ist die vorlaufende Entschlossenheit zur Tat.

Auf dem seelischen Bildschirm sehen wir die Durchsetzungsfähigkeit als Willenskraft und unerschütterliche Entschiedenheit. Auf dem körperlichen Schirm zeigt sie sich als Drängen, Springen, Laufen und generell als Freude an Bewegung.

Es ist kein Wunder, dass diese Energie frustriert wird, sowie Hindernisse auftauchen. Dann springt sie plötzlich um und wird zu Ärger, Ungeduld und Wut. Das ist ihre destruktive Ausdrucksform – unter fünfzig auf der Bewusstseinsskala. Weder die Frustration der eigenen Energie noch ihre verheerenden Aspekte sind klasse. Deshalb breche ich die Lanze für so etwas wie besonnene Ungeduld. Wer seine Durchsetzungsfähigkeit über fünfzig ausdrückt, hat Mut, sich einzubringen, mitzuspielen, und erreicht seine persönlichen Ziele dadurch, dass er in guter Anbindung an seine Ideen und Energie ist. Der Mut, neue Lebensfelder zu erschließen, ist da. Wir sind Pioniere mit besonnener Ungeduld. Ein Risiko einzugehen heißt, vertrautes Gebiet zu verlassen und sich über sich selbst hinauszuwagen. Die Belohnung ist üppig: Denn dadurch gewinnen wir uns selbst, anstatt nur unseren gesellschaftlich und erziehungsgemäß vorbestimmten Rahmen auszufüllen.

Sowie wir auf der Bewusstseinsskala Richtung Nullinger rutschen, können wir sicher sein, dass wir unsere eigentliche Vorwärts-Energie und Willenskraft zurückhalten. Wir erleben sie nur noch als Aggression und Kampf; sei es unsere eigene Aggression oder die anderer. Nutzen wir die destruktiv tobende Energie als Hinweis, unsere Willenskraft und Power wieder auf den Plan zu rufen. Sind wir wirklich in Fühlung mit unserer Kraft, dann läuft alles leicht und anstrengungsfrei, auch das Handhaben der Hindernisse.

Auf der Ebene der Objekte können wir uns folgende **Projektionsflächen** der Durchsetzungsfähigkeit vorstellen: alles, womit wir irgendwie nach vorn drängen und eindringen, alles, was mit Abenteuer, Risiko und Mut zu tun hat. Also zum Beispiel ätzende Farbe, Messer, der Bohrer des Zahnarztes, alles, was in den Bereich Metzgerei, Chirurgie, Waffenhandel fällt, und auch zum Beispiel die Zigarettenmarke Marlboro, die mit dem Abenteuer wirbt. Das bedeutet, wer mit einem dieser Objekte oder

Millionen typverwandten zu tun hat, deckt zu einem gewissen Grad die Kompetenz **Pusher** über die bevorzugte Beschäftigung mit diesem Objekt ab.

Auch Forschungsarbeiten gehören hierher – eben im wissenschaftlichen Bereich nach vorne drängen. Und so sieht es aus, wenn der **Pusher** im Stechschritt über die Skala prescht.

Pusher auf der Bewusstseinsskala differenzieren

Pusher Richtung Nullinger
Modell: Autobahn
Herr Stürmer will zum Meeting und braust auf der Überholspur durch die Lande. So weit, so über dem KippPunkt. Doch dann fährt da so 'ne Schnecke mit 130 vor ihm und blockiert die Bahn. Herr Stürmer fährt ran, blendet auf, würde am liebsten drauffahren. Er spürt, wie er die Wut bekommt. Hupt und drängelt weiter. Nicht rasen zu können macht ihn rasend.

Modell: Frustriertes Wollen
Klein Uwe möchte unbedingt um 23 Uhr diese Nachtwanderung mit den großen Kindern machen. Die Eltern und die Großen sagen einfach: »Nein!« Er kann's nicht fassen und wird so wütend, dass er sich auf den Boden wirft, mit den Füßen trampelt und wie am Spieß schreit. Ob er später die Frustration seines kindlichen Willens kompensieren wird, indem er Abenteuer-Camps für Kinder organisieren wird?

Pusher Richtung Fullinger
Modell: Selbstverständliche Durchsetzung
Vera ist Lehrerin. Sie versteht nicht, wieso andere Lehrer Probleme mit den Kindern haben. Ihrer Meinung nach brauchen

Kinder einfach durchsetzungsstarke Lehrer. Vera weiß, was sie will, und handelt entsprechend. Sie ist klar und direkt. Die Kinder wissen, wo sie bei ihr dran sind, und folgen ihr gern. Und Vera gewinnt sogar noch Energie durch ihre Arbeit. So ist sie auch gerne bereit, zusätzliche Ausflüge mit den Kindern zu machen.

Die Lösung
bei Wut und Ärger ist der Schwenk von der blockierten Bewegung zur Durchsetzung. Leiten wir diese Drehung ein durch die Überlegung, wie wir uns eine freie Bahn beschaffen können, welche klaren Worte gesprochen werden müssten oder welche neuen Wege gewagt werden könnten.

Vom Ärger	→ zur Durchsetzung
Von der Wut	→ zum Mut
Von der Indirektheit	→ zur Direktheit
Von der Feigheit	→ zum Wagnis
Vom Leisen	→ zum Lauten
Vom Rückwärts	→ zum Vorwärts

Jetzt wollen wir genau wissen, wie sich die **Pusher**-Kompetenz anhand der Skala in ihren diversen Schattierungen differenzieren lässt. Und Sie erkennen dann Ihren persönlichen Trend. Den von Schatzi erst recht …

Pusher: Durchsetzungsfähigkeit auf der Bewusstseinsskala vom Nullinger zum Fullinger

Bewusstseinsskala© Ute Lauterbach

Nullinger	Übergang	neutrale Mitte	Übergang	Fullinger
Null Initiative. Null Bock. Vollständige Gelähmtheit und Passivität. Jähzorn.	Anstrengende Bemühungen. Aggression. Kampf.	Klare, ruhige Durchsetzung möglich.	Durchsetzung – auch als Entdecken neuer Räume – wird immer selbstverständlicher.	Begeistertes Umsetzen mit Flow-Leichtigkeit.
Mit dem Kopf durch die Betonwand.	Ärger. Wut. Powershow. Ungeduld.	Eigen-Wille. Mut. Engagement. Ich-Findung.	Pioniergeist. Aufreißer. Mut wächst. Risikofähigkeit.	Williges Wollen.

Skriptbeispiele: Halte dich zurück! Stör nicht! Du nicht! „Kinder mit 'nem Willen, kriegen was auf die Brillen!"
Somatisierungstendenzen: autoaggressive Krankheiten, Entzündungen, Fieber, Migräne, Galle, Blut

Pusher
auf einen Blick

physisch: drängend, Bäume ausreißen, stürmisch, zupackend, aktiv, rastlos
seelisch: wollen, willensstark, egozentrisch, aggressiv, vorpreschend, initiativ, risikobereit, mutig, direkt, hektisch, rücksichtslos, ungeduldig, reizbar
geistig: überrollend, Pioniergeist, forschend, umschweiflos, mangelnde Diplomatie
spirituell: dynamische Meditation, joggen, bis die Endorphine sprudeln
Zentralbegriffe und Objekte: Durchsetzung, Initiative, Selbstbehauptung, spontanes Begehren, Trieb, suchende Unruhe, Drang, Tatendrang, Antriebskraft, schroffes Eingreifen, Mut, Wut, Draufgängertum, Eroberungslust, personal drive, Prozess der Ichfindung, alle Phallussymbole, Düsenjäger, Motorräder, Sportwagen, Feuer, Knaller, Lärm
Berufe: rund um den Sport, Metzger, Chirurg, Waffenhändler, Aufreißer, Akquise, Angreifer, Pionier, alles im Kontext Kriminalität
Körper: Blut, Entzündungen, Fieber, Galle, Infektion, Kopf, Pitta-Typ
Frage: Wirklich immer mit dem Kopf durch die Wand?
Auf den Punkt gebracht: Willenskraft und Power sind Lebensnerv schlechthin.
In einem Wort: Trieb-und-Dranghaftes

Einschub

Am Ende der Präsentation einer jeden Kompetenz haben Sie
Gelegenheit, sich näher mit ihr zu beschäftigen. Sie können sich
anhand der Fragen zur Bestandsaufnahme und jener zur Steigerung einer Kompetenz noch besser kennen- und liebenlernen.
Damit endet die Selbsterforschung und -befreiung aber noch
nicht. Unter den Fragenkatalogen sehen Sie drei Skalen: Kindheit, Jugend, heute. Markieren Sie auf diesen Skalen, wie Sie
die jeweilige Kompetenz in den verschiedenen Zeitsegmenten
hauptsächlich erlebt haben und wie Sie sie heute erleben. Sie
können dann ein Fazit und eine Entscheidung notieren.

Stellen Sie sich vor, dass auf der Skala Ihr persönlicher
Glückspilot zwischen Nullinger und Fullinger gleitet. Er rät Ih-
nen in Bezug auf jede Kompetenz genau das zu tun, was Ihren
Kopf unterm Strich freier und Ihr Herz weiter macht. Probieren
Sie es doch gleich in Bezug auf Ihre **Pusher**-Qualitäten aus.

Pusher Bestandsaufnahme

Fragen zur Durchsetzungsfähigkeit
Die Beantwortung dieser Fragen ermöglicht es zu begreifen,
warum sich die Kompetenz so und nicht anders entwickelt hat.

> Wie waren meine Geburtsumstände?

_____

_____

_____

> Fühlte ich, eine Daseinsberechtigung zu haben?
Skala 0–100: _____
> Wie erlebte ich das Auftreten meiner Eltern?

_____

_____

> Wurde ich oft ermutigt? Skala 0–100: _____
> Habe ich Mut? Skala 0–100: _____
> Ärgere ich mich oft? Skala 0–100: _____
> Wie willensstark bin ich? Skala 0–100: _____
> Wie setze ich mich durch? (Zum Beispiel mit Beleidigtsein, Weinen, frecher Schnauze, ganz selbstverständlich, leicht etc.)

_____

_____

Bestandsaufnahme auf der Skala
Markieren Sie die Position auf der Bewusstseinsskala, die Ihr Hauptgefühl (= ungefähre Durchschnittsposition) in Kindheit, Jugend und heute widerspiegelt:

Kindheit	
Jugend	
heute	

Bewusstseinsskala® Ute Lauterbach

0	50	100
Nullinger	KippPunkt	Fullinger

Pusher hochfahren

Fragen zur Steigerung der Durchsetzungsfähigkeit

> Wie wäre ich, wenn ich noch mehr am Leben teilnähme?

_____

_____

_____

> Wie wäre ich, wenn ich frecher und mutiger wäre?

_____

_____

_____

> Wie wäre ich, wenn ich meine Triebe mehr lebte?

_____

_____

_____

> Was an Neuem würde ich gerne riskieren?

_____

_____

_____

❯ Wem gegenüber müsste ich mich besser behaupten?
Und wie?

_____

_____

_____

❯ Wie kann ich mich auf eine mir gemäße Art durchsetzen?

_____

_____

_____

❯ Welche Sportarten würden mir Spaß machen?

_____

_____

_____

Fazit und Entscheidung: Was rät mir mein Glückspilot bezüglich dieser Kompetenz?

1. _____

_____

2. _____

_____

Das Spektrum der Basiskompetenzen können wir als psychoenergetisches Spektrum sehen: Es umfasst die verschiedensten Antriebe eines Menschen. Je besser uns diese Antriebe oder Kompetenzen zur Verfügung stehen, umso weniger stellen sie sich uns als Unter-fünfzig-Frequenz in den Weg. Das Hochfahren der Frequenz beziehungsweise die Ausbildung einer Kompetenz reduziert die Stolpersteine auf dem Weg zur Mitte und zum Fullinger. Anders gesagt: Psycho-energetische Integration ist ein wesentlicher Baustein im »Fullinger-Training«.

Pusher und seine Lieblingsmottos

> No risk, no fun! Im Risiko, im Draufgängertum die eigene Lebendigkeit spüren!
> Durchsetzen ja, kämpfen nein!
> Und welches Motto passt für Sie besonders gut?

_____

_____

BESITZER

ERKENNEN + GERECHT WERDEN + LIEBEN

Sie zuerst!

Fantasieren und assoziieren Sie, was sich hinter diesem Namen
verbergen könnte:

_____

_____

_____

_____

Dachten Sie an:

»Hast du was, bist du was«? Besitz und Selbstwert? Geld, wirt-
schaftliches Geschick, Sicherheit, Aktien, Armut und Reichtum? Minderwertigkeitsgefühle, Eifersucht und Neid? Habgier
und Geiz? Dankbarkeit?

Das alles kam Ihnen in den Sinn oder Ähnliches? Das Exper-
tentum naht!

Besitzer kennenlernen

Um fremden Wert willig und frei
anzuerkennen, muss man eigenen haben.

Arthur Schopenhauer

Schärfen wir zunächst unsere Wahrnehmung für diese Kompetenz, indem wir sie introspektiv aufspüren.

Fühlen Sie in sich hinein, und orten Sie *Besitzer* so genau wie möglich.

<u>Fragen Sie sich:</u>
Wie erlebe ich meinen Selbstwert, meine existenzielle Sicherheit? Wie tief ist meine Genussfähigkeit? Wie frei oder bedürftig fühlt sich mein »Ich habe!« an?
<u>Wie sehr stimmt für Sie:</u> »Ich habe, also bin ich«?

Wenn Sie sich ganz präzise auf Ihr Erleben konzentrieren, dann haben Sie die Kompetenz *Besitzer* introspektiv geortet.

Besitzer stellt eine Gegenbewegung zu **Pusher** dar und ist gleichzeitig eine logische Fortsetzung der ersten Kompetenz. **Pusher** drängt nach vorne. Bei **Besitzer** geht es darum, dass der Nomade nun sesshaft wird. So ähnlich ist es in der Natur: Das Samenkorn ist pushermäßig aufgeplatzt, und jetzt fängt der Keimling an, sich zu verwurzeln. Es geht darum, einen eigenen Bereich abzustecken und diesen Bereich auch zu sichern, sei es durch Wallgräben, Zugbrücken oder durch Zäune und Sicherheitsanlagen. Dieses Sich-Verwurzeln heißt, einen Platz einzunehmen und ihn abzugrenzen. Es geht um die klare Botschaft, bis zu welchem Punkt das eigene Reich sich erstreckt. Also entweder konkret den eigenen Wohnbereich absichern, aber auch im übertragenen Sinne einen eigenen Standpunkt haben und sich geistig abgrenzen oder geistig Stellung beziehen! Abgrenzung und Zu-sich-Stehen bedeuten automatisch, sich selbst ernst zu nehmen, zu sagen, ich bin es wert, diesen Platz, diese Meinung, dieses Territorium zu haben. Deshalb gehört zum Abgrenzen auch das Wertbewusstsein, das Selbstwertgefühl. Auf der materiellen Ebene ist es der eigene Besitz. Spüren Sie, wie Selbstwertgefühl, Besitz und Sicherheit zusammengehören?

Zu dieser Kompetenz zählen das Sammeln und das Besitzen. Daher der Name **Besitzer**. Auf den Punkt gebracht: Wer ein gutes Selbstwertgefühl hat, liebt sich und fühlt, es wert zu sein, zu existieren – auch ohne irgendwelche Bedingungen erfüllen zu müssen. Also ohne dies oder das darstellen zu müssen. Wir genießen es, mit uns selbst zu leben. Wir *brauchen* keinen Partner. Wir fühlen, wertvoll zu sein. Wir haben einen Partner *verdient* (wenn wir möchten), und uns steht emotionaler, geistiger und auch materieller Raum zu. Diese selbstverständliche Grundbefindlichkeit eines soliden Selbstwerts macht es leicht (= der beste Fall), »Nein« zu sagen und sich gegen Menschen, die in den eigenen Raum eindringen, abzugrenzen. Ein gutes, materielles wie seelisches Gefestigtsein macht es ebenfalls leicht, eigenen Ideen und einem eigenen Lebensstil treu zu sein. Wer weiß, dass er o.k. ist, muss sich nicht ständig fragen, was wohl die Leute von ihm denken könnten. So lebt es sich ganz sanft, nicht trotzig.

Eine andere Dimension dieser Kompetenz tritt auf den Plan, wenn wir äußerlich abgesichert sind, wenn wir unseren Platz eingenommen haben, dann können wir ganz anders genießen und uns hingeben. Gebricht es uns jedoch an der Befriedigung der existenziellen Grundbedürfnisse, können wir weniger leicht genießen.

Sind wir mit unserem Selbstwert im grünen Bereich der Bewusstseinsskala, fühlen wir uns berechtigt, wirklich zu genießen, was wir haben und wer wir sind. Überdies genießen wir es, andere zu schätzen und zu lieben, weil unser hoher Selbstwert es erlaubt, auch ihnen Raum zu gewähren. Für sich selbst und für andere liebenswert sein! Genießen und lieben sind Lebensbejahung – sind der Herzschlag der Dankbarkeit.

So also der beste Fall! Unterhalb von fünfzig auf der Skala fühlen wir das Gegenteil: mieser Selbstwert und deshalb eine Neigung zu Eifersucht und Neid. Armutsbewusstsein und wirtschaftliche Schwierigkeiten. Äußere Unsicherheit verstärkt oft die innere Unsicherheit, weshalb es schwerfällt, sich gut abzugrenzen und einen eigenen Lebensstil zu kultivieren.

Bei **Pusher** ging es um das Wollen, und nun geht es um das Haben, ich will, ich habe, ich etabliere mich. Ich bin in der Welt – **Pusher** –, und ich habe meinen Platz gefunden – **Besitzer** –, und ich bin etwas wert. Etwas-wert-Sein heißt auch, sich selbst zuzustimmen, es gut finden zu existieren. Wie groß ist das jubelnde Ja, das Ihnen selbst gilt?

Äußere **Projektionsfläche** ist alles, was mit Besitz, Finanzen, Sicherheit, Genuss und Lebensstil zu tun hat.

Betrachten wir, wie sich diese Kompetenz an den verschiedenen Stationen auf der Bewusstseinsskala ausnimmt.

Besitzer auf der Bewusstseinsskala differenzieren

Besitzer Richtung Nullinger
Modell: Du hast 'ne andere

Silke litt unter dem süßen kleinen Bruder, der ihr vorgezogen wurde. Immer spielte sie höchstens die zweite Geige. Sie ist einfach nichts wert. Und Xaver, der vorgab, sie zu lieben, war doch ein Lügner. Sie hat ihn mit ihrer Eifersucht auf die von ihr unterstellte »Nebenbuhlerin« so gequält, dass er schließlich tatsächlich auf eine neue Liebe ausgewichen ist. Und Silke fühlte sich in ihrem Minderwertigkeitsgefühl bestätigt. Sie ist einfach nicht liebenswert.

Modell: Armutsbewusstsein
Hildegard geht es wirtschaftlich nicht besser und nicht schlechter als den meisten. Aber sie hat das Gefühl, arm zu sein, und das Gefühl, dass ihr nichts zusteht und sie sowieso der letzte Dreck ist. Und krass, wie sie sich denkt, verhält sie sich auch: Bei Warteschlangen stellt sie sich in die längste, beim Essen nimmt sie die blasseste Portion und kleidet sich so armselig, dass ihr Geldbeutel nur den Kopf schütteln kann. Sie geht nicht, sondern schlurft. Ihr Licht ist per se unterm Scheffel.

Besitzer **Richtung Fullinger**

Modell: Das Leben ist ein reiner Genuss
Veronika ist, objektiv betrachtet, in der gleichen wirtschaftlichen Situation wie Hildegard. Der Hauptunterschied zwischen den beiden besteht darin, dass sich Veronika glücklich schätzt, mitten im europäischen Wohlstand zu leben. Sie hat alles, was sie braucht. Und sie legt Wert auf Qualität. Ihr Motto: Lieber ein paar richtig gute Klamotten als zu viel des minderwertigen Mists. Sie kommt sich vor wie eine Königin, wenn sie in ihrem guten (einzigen) Mantel durch die Stadt geht und sich ab und zu im Feinkostgeschäft ein paar Leckereien gönnt. Genauso genießt sie es, Löwenzahn, Scharbockskraut, Gänseblümchen, Himbeerblätter und Brennnesseln zu pflücken, um sich einen herrlichen und noch dazu kostenlosen Salat zuzubereiten. Veronika ist ausgeglichen und dankbar.

Die Lösung

liegt in der Stärkung des Selbstwerts, der Genussfähigkeit und der Fähigkeit, »Nein« zu sagen, wenn es für die Steigerung oder Erhaltung der eigenen Befindlichkeit erforderlich ist.

Von der Armut	→ zum Genug
Vom Minderwert	→ zum Wert
Vom Platzmangel	→ zum Eigenraum
Vom Ungenuss	→ zum Genuss

Jetzt wollen wir genau wissen, wie sich die **Besitzer**-Kompetenz anhand der Skala differenzieren lässt. Wenn Sie sich meist unterhalb des KippPunkts befinden, dann wissen Sie, wo der Handlungsbedarf ist. Oder was Schatzi noch lernen muss …

Besitzer: Selbstwertgefühl auf der Bewusstseinsskala vom Nullinger zum Fullinger

Bewusstseinsskala © Ute Lauterbach

Nullinger	Übergang	neutrale Mitte	Übergang	Fullinger
0		50		100
Absolute Niete. Ich kann und bin nichts. Niemand liebt mich.	Versagensängste. Schwankendes Minderwertigkeitsgefühl. Ich bin nicht richtig liebenswert.	Gutes Selbstwertgefühl ist spürbar. Ich kann. Ich bin liebenswert.	Das Selbstwertgefühl wächst und festigt sich. Ich kann und du kannst. Wir sind liebenswert.	Selbstwert sein. Alle lieben – einfach so.
Vollständige Verarmung. Null Genuss- und Abgrenzungsfähigkeit. Kein eigener Lebensstil. Keine Sicherheit. „Macht mit mir, was ihr wollt."	Unter- oder über„wertet" in Bezug auf Genuss, Lebensstil, Sicherheit und Dinge. Instabile Abgrenzung.	Genuss, eigener Lebensstil und Abgrenzung möglich. Reales Wertbewusstsein vorhanden.	Freies Ja zu sich selbst wird stärker. Entfaltung des eigenen Lebensstils. Sich und andere schätzen.	Alles ist Genuss und wert zu sein.

Skriptbeispiele: (In abschätzigem Tonfall) Was willst du denn schon? Lass das lieber die Großen machen!
Somatisierungstendenzen: Hals, Nacken, Haut, Schilddrüse

Besitzer
auf einen Blick

physisch: langsam, behäbig, gemächlich

seelisch: sicherheitsorientiert, Selbstwertgefühl, Dankbarkeit, genussfähig, bewahrend, Sinnenfreude, sesshaft, bodenständig, friedliebend, eifersüchtig, neidisch

geistig: Profitdenken, Sammel- und Anhäufmentalität

spirituell: Dankbarkeitsübung, ganz bewusst genießen

Zentralbegriffe und Objekte: Genuss, Lebensstil, Lebensstandard, Schutz, Eigenraum, Abgrenzung, Qualitätsbewusstsein, (Minder)-Wertigkeitsgefühl, Etablierungsprozess, Wertgegenstände, Tresor, Finanzen, Besitz

Berufe: rund um Finanzen, Immobilienhandel, Sicherheitsgeschäfte (Zäune, Schutz, Versicherungen)

Körper: Hals, Rachen, Nacken, Kapha-Typ

Frage: Stimmt das wirklich: »Hast du was, bist du was«?

Auf den Punkt gebracht: Ich habe nur das wirklich, wofür ich dankbar bin.

In einem Wort: Sicherheitsstreben

Besitzer Bestandsaufnahme

Fragen zum Selbstwertgefühl
Die Beantwortung dieser Fragen ermöglicht es zu begreifen, warum sich die Kompetenz so und nicht anders entwickelt hat.

❯ War ich ein Wunschkind?

_____

_____

> War ich der Star/Stammhalter oder eher das schwarze Schaf?

_____

> Gab es Konkurrenz unter den Geschwistern?

_____

_____

> Wie erlebte ich das Selbstbild meiner Eltern?

_____

_____

> Wurde ich von wichtigen Bezugspersonen verlassen?

_____

> Hatte ich aus elterlicher Sicht das richtige Geschlecht?

_____

> Wie war der Lebensstil meiner Eltern?

_____

_____

> Wie war die wirtschaftliche Situation der Ursprungsfamilie? Skala 0–100: _____

> Gab es den Selbstwert beeinträchtigende Umstände?

_____

_____

Bestandsaufnahme auf der Skala

Markieren Sie die Position auf der Bewusstseinsskala, die Ihr Hauptgefühl (= ungefähre Durchschnittsposition) in Kindheit, Jugend und heute widerspiegelt:

Kindheit	
Jugend	
heute	

Bewusstseinsskala®   Ute Lauterbach

| 0 | 50 | 100 |
| Nullinger | KippPunkt | Fullinger |

Besitzer hochfahren

Fragen zur Steigerung des Selbstwertgefühls

> Wie verbringe ich meine Tage? Wie könnte ich meine Tage schöner gestalten? Wie sähe ein guter Tag aus?

_____

_____

> Wie kann ich mich besser abgrenzen? Wem gegenüber? Was sage/tue ich?

_____

〉 Wie kann ich meine Finanzlage verbessern?

_____

_____

〉 Habe ich eine klare Übersicht über meine Finanzen?
Skala 0–100: _____

〉 Was bereitet mir Genuss?

_____

_____

〉 Verschaffe ich mir genug und die richtigen Genüsse?
Skala 0–100: _____
Sind meine Genüsse richtig dosiert?
Skala 0–100: _____

〉 Fühle ich mich sicher? Skala 0–100: _____
Was verschafft mir Sicherheit?
Wie kann ich für ausreichend Sicherheit sorgen?

_____

_____

Fazit und Entscheidung: Was rät mir mein Glückspilot bezüglich dieser Kompetenz?

1. _____

_____

2. _____

_____

Besitzer und seine Lieblingsmottos

> Abgrenzung fördert die Wertschätzung.
> Im Genuss die Liebe zum Leben pflegen!
> Und welches Motto oder welche Devise passt für Sie besonders gut?

_____

_____

_____

WISSBEGIER

ERKENNEN + GERECHT WERDEN + LIEBEN

Sie zuerst!

Fantasieren und assoziieren Sie, was sich hinter diesem Namen verbergen könnte:

_____

_____

_____

_____

Dachten Sie an:

Lernen, Neugier, Infos, Sprache, Lesen, Bücher, Presse, Medien, Wörterbücher, Google, Kommunikation, Verstand, flinken und behänden Fluss von Neuigkeiten?

Volltreffer!

Wissbegier kennenlernen

*Die Grenzen meiner Sprache bedeuten
die Grenzen meiner Welt.*
Wittgenstein

Schärfen wir zunächst unsere Wahrnehmung für diese Kompetenz, indem wir sie introspektiv aufspüren.

Fühlen Sie in sich hinein, und orten Sie *Wissbegier* so genau wie möglich.

<u>Fragen Sie sich:</u>
Wie erlebe ich meine Wissbegier, Lern- und Neugier?
Wie fühlt sich mein Mitteilungsdrang an?
<u>Wie sehr stimmt für Sie:</u> »Ich weiß und spreche, also bin ich«?

Wenn Sie sich ganz präzise auf Ihr Erleben konzentrieren, dann haben Sie die Kompetenz *Wissbegier* introspektiv geortet.

Bei **Wissbegier** findet wieder eine Gegenbewegung und gleichzeitig eine Fortführung statt. Die Gegenbewegung liegt in einem Streben nach außen, weg vom **Besitzer**-Platz. Und die Fortführung zeigt sich in dem Bedürfnis, sich immer weiter mit der Welt vertraut zu machen. Sie soll uns begrifflich verfügbar gemacht werden. Jetzt geht es nicht nur um den kleinen Eigenbereich, sondern um die ganze Welt. Das erreichen wir mit der Kompetenz **Wissbegier**, indem wir alles, was es gibt, versuchen, in Sprache zu fassen. Wir tasten die Welt mit unserem Denken ab, kategorisieren, messen und versprachlichen sie.

Zu diesem Über-den-eigenen-Platz-Hinausgehen gehört auch die Kommunikation mit anderen. Austausch ist Sinn der Sprache. Die Medien, Telefon, Fernsehen, Radio, Briefe, E-Mails, Smartphones – alle Kommunikationsmedien sind **Wissbegier** zugeordnet. Ganz besonders die blitzschnelle elektronische Datenübertragung. Das ist der Reiz: überall dabei, überall online, Infos und Austausch, Chatten, Twittern, Bloggen und Mailen – das ist das Element dieser Kompetenz. Entscheidend ist, das Typische klar zu erkennen, um es sicher einer Kompetenz zuordnen zu können. **Wissbegier** hat also mit der Informationsvermittlung und -aufnahme zu tun. Unterschätzen wir nicht, wie wichtig Informationen sind, um handlungsfähig zu sein. Ich kann erst dann ein Haus bauen, wenn ich genau weiß, wie es geht. Fachkenntnisse, Detailkenntnisse sind Voraussetzung für das Agieren-Können. **Wissbegier** will den Verstand einsetzen und Dinge lernen. **Wissbegier** ist neugierig.

Projektionsfläche ist alles, was in den Bereich Datenübertragung, -vermittlung, Informationsübertragung, Kommunikation, Zeitung, Presse, Rundfunk fällt. Reporter ist zum Beispiel ein typischer Wissbegier-Beruf. Früher zogen Boten durch die Lande, um die Neuigkeiten zu verbreiten. Das sind historische Prozesse, die einen nicht irritieren dürfen. Hauptsache: rüber mit den Infos!

Und wie sieht es aus, wenn **Wissbegier** über die Bewusstseinsskala spaziert? Was wird aus Wissensdurst, wenn er unter fünfzig rutscht? Vielleicht sensationslüsterne Oberflächlichkeit, der das Neuste in der nächsten Sekunde langweilig ist. Auch eine gewisse Rastlosigkeit ist denkbar. Und dazu passt wiederum gut eine quälende Unentschiedenheit, weil ja alles irgendwie interessant ist und auch wieder nicht, und sollte ich nicht lieber noch 'ne Runde googeln? Neu-Gier im ungemütlichen Sinn also.

Wissbegier auf der Bewusstseinsskala differenzieren

Wissbegier Richtung Nullinger
Modell: Klatsch und Tratsch
Eigentlich sind die Gedanken ja schneller und mengenmäßig mehr als die Worte, aber bei Miss Quassel zweifelt da jeder dran. Sie redet sich wasserfallartig vom Hölzchen zum Stöckchen, ohne bemerkenswerte Aussagen zu machen. Geschwätzigkeit wäre beinahe eine beschönigende Umschreibung für ihre Wortdiarrhoe. Sie labert sich schnell in die Einsamkeit und leidet selbst – wenn sie es zwischendurch merkt – an mangelnder Fokussierung.

Wissbegier Richtung Fullinger
Modell: Kommunion
Manchmal erlebt Vreni, wie sich ihre Kommunikationsfähigkeit wie ins Unendliche ausweitet. Es ist dann so, als ob sie mit allen und allem spräche und alles zu ihr spräche. Aus der Kommunikation wird eine Art vollendete Kommunion.

Die Lösung
gelingt, wenn wir von dem ungenauen Gerede zur präzisen Kommunikation gelangen.

| Von der Vielwisserei | → zur gezielten Information |
| Von der Geschwätzigkeit | → zur Kommunikation |

Es würde mich nicht wundern, wenn Sie es jetzt genau **wissen** wollen. Schauen wir die verschiedenen Umsetzungsebenen auf der Bewusstseinsskala an.

Wissbegier: Kommunikationsfähigkeit auf der Bewusstseinsskala vom Nullinger zum Fullinger

Bewusstseinsskala © Ute Lauterbach

	Nullinger (0)	Übergang	neutrale Mitte (50)	Übergang	Fullinger (100)
	Absolutes Verstummen. Verbalmüll mit null Anbindung.	Kommunikation, Sprache, Lern- und Ausdrucksfähigkeit weichen nach oben oder unten vom eigentlich Gewollten ab.	Kommunikationsfähigkeit, Sprache und Lernen sind verfügbar.	Sprache, Schrift, Gebärde werden weiter differenziert.	Alles spricht und spricht sich aus.
		Geschwätzigkeit, überzogene Intellektualität, Darstellungsschwäche, Oberflächlichkeit.	Wendigkeit. Interessiertheit. Geschicklichkeit.	Selbstausdruck über Sprache und Kommunikation.	

Skriptbeispiele: Denk nicht! Sei dumm! Du hast zwei linke Hände!
Somatisierungstendenzen: Lunge, Bronchien, Luftröhre, Finger, Beine

Wissbegier
auf einen Blick

physisch: beweglich, wendig, flink, manuell
geschickt
seelisch: neugierig, relativierend, oberflächlich,
unentschieden, vielseitig, gesellig, Leben per Kopf
geistig: kommunikativ, wissbegierig, redselig, interessiert, klug
spirituell: Nonsens plappern, bis der Kopf frei ist
Zentralbegriffe und Objekte: Verstand, Informationsaufnahme und -weitergabe, Kommunikations- und Ausdrucksfähigkeit, Lernprozess, Handy, Fahrrad, Bücher, PC
Berufe: rund um alle Medien, Infodesk, Verlagswesen, Buchbranche, Kurierdienste, Google, Schule, Händler, Dolmetscher, Markt, Logopädie
Körper: Bronchien, Luftröhre, Lunge, Vata-Typ
Frage: Ist das Neueste wirklich das Interessanteste?
Auf den Punkt gebracht: Wissen und Kommunikation öffnen die Tür zur Welt.
In einem Wort: Intelligenzhaftes

Wissbegier Bestandsaufnahme

Fragen zur Kommunikationsfähigkeit
Die Beantwortung dieser Fragen ermöglicht es zu begreifen, warum sich die Kompetenz so und nicht anders entwickelt hat.

❯ Wie war die Kommunikation in meiner Ursprungsfamilie?

_____

_____

> Wurde viel oder wenig gesprochen?
  Skala 0–100: _____
> Hat jeder ungefähr gleich viel Rederaum einnehmen
  können oder nicht?

_____

_____

> Wurden meine Fragen ausreichend beantwortet
  (Skala 0–100: _____) oder eher abgewehrt?
> Wurde ich geistig angeregt, und wurde meine Neugier ge-
  weckt? Skala 0–100: _____
> Waren meine Eltern wissbegierig (Skala 0–100: _____)
  oder eher lernfaul?
> Wurden meine handwerklichen Fähigkeiten gezielt gefördert
  (Skala 0–100: _____) oder eher ignoriert?
> Hatte ich anregende Spielsachen? Skala 0–100: _____

Bestandsaufnahme auf der Skala
Markieren Sie die Position auf der Bewusstseinsskala, die Ihr
Hauptgefühl (= ungefähre Durchschnittsposition) in Kindheit,
Jugend und heute widerspiegelt:

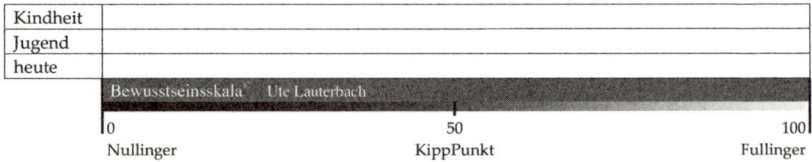

Kindheit	
Jugend	
heute	

Bewusstseinsskala® Ute Lauterbach

0   50   100
Nullinger   KippPunkt   Fullinger

Wissbegier hochfahren

Fragen zur Steigerung der Kommunikationsfähigkeit

> Lerne ich, was mich interessiert? Skala 0–100: _____
> Lese ich, was mir gefällt? Skala 0–100: _____
> Wie könnte ich meine Sprache erweitern?

_____

_____

> Entspricht mir die Art/das Niveau meiner Gespräche? Skala 0–100: _____
> Mit wem würde ich gerne öfter sprechen?

_____

_____

> Wie könnte ich die Kommunikation mit bestimmten Leuten verbessern?

_____

_____

> Rede ich zu viel (Skala 0–100: _____) oder zu wenig?
> Welche Themen sollte ich offen ansprechen?

_____

❭ Könnte ich die Beziehung zu meinen Nachbarn verbessern?

_____

_____

❭ Welche Informationen fehlen mir? Wie und wann beschaffe ich sie?

_____

_____

_____

Fazit und Entscheidung: Was rät mir mein Glückspilot bezüglich dieser Kompetenz?

1. _____

_____

2. _____

_____

Wissbegier und ihre Lieblingsmottos

> Nur wer mitreden kann, lebt.
> Lieber neugierig als dumm.
> Und welches Motto oder welche Devise passt für Sie besonders gut?

_____

_____

_____

FÜHLENDE

ERKENNEN + GERECHT WERDEN + LIEBEN

Sie zuerst!

Fantasieren und assoziieren Sie, was sich hinter diesem Namen verbergen könnte:

_____

_____

_____

_____

Dachten Sie an:

Gefühle, Stimmungen, Fürsorglichkeit, Geborgenheit, Bei-sich-Sein, Gespür, fühlen, was der Bauch sagt, innere Stimme? Oder an Heimeligkeit, an Heim und Herd, Bedürfnisse und Wünsche?

Alles Volltreffer! Und vieles andere im Umfeld auch.

Fühlende kennenlernen

Nah ist nur Innres; alles andre fern.
Rainer Maria Rilke

Schärfen wir zunächst unsere Wahrnehmung für diese Kompetenz, indem wir sie introspektiv aufspüren.

Fühlen Sie in sich hinein, und orten Sie *Fühlende* so genau wie möglich.

Fragen Sie sich:
Wie erlebe ich mein Bei-mir-Sein, meine tiefsten Gefühle, Stimmungen und Träume? Meine innerste Identität, mein Kind-gebliebten-Sein – kann ich das alles fühlen? Wie sehr stimmt für Sie: »Ich fühle, also bin ich«?

Wenn Sie sich ganz präzise auf Ihr Erleben konzentrieren, dann haben Sie die Kompetenz *Fühlende* introspektiv geortet.

Mit dieser Kompetenz gibt es wieder die Gegenbewegung. Die Außenwelt ist mit **Pusher** erobert, mit **Besitzer** eingenommen, mit **Wissbegier** haben wir sie verstanden, benannt, bemessen, kategorisiert, abgedeckt; wir wissen oberflächlich alles, und wenn wir jetzt noch mal weiter möchten, heißt es Innenräume erschließen! Hier tut sich die Domäne der nächsten Kompetenz auf. Nun gehen wir nach innen und entdecken seelische Räume. Wir rutschen sozusagen vom Kopf ins Herz oder in den Bauch. Hier geht es um das Gespür, um alles, was wir gefühlsmäßig wahrnehmen, um Instinkte, Stimmungen, Träume, um die ganze innere Weite der Welt. Um Gefühle. Deshalb nenne ich diese Kompetenz **Fühlende**.

Die Bewegung von **Wissbegier** ist horizontal, hinaus in die Welt, und die von **Fühlende** ist vertikal, hinein ins Innere. Wenn wir die Gefühle ernst nehmen, wenn wir das Innerste ernst nehmen, dann nehmen wir im übertragenen Sinn auch den Innenbereich ernst, das heißt den Wohnort, die Wohnung, das Haus oder was uns noch unmittelbarer umhüllt: die Kleidung. Wenn wir noch dichter auf der äußeren Ebene rücken, landen wir bei der Ernährung. Das, was wir uns einverleiben. Bei der Kompetenz **Fühlende** geht es um Schutz und um Geborgenheit, um Fürsorglichkeit, um Mütterlichkeit. Die höchste Aufgabe ist, sich selbst Mutter und Vater zu werden. Wenn wir das eigene **Fühl-Prinzip** nicht ausbilden, dann müssen wir eben zur Fürsorge gehen, dann suchen wir draußen, was uns innen fehlt. Das kann ein notwendiger Zwischenschritt sein, aber letztendlich ist es ungeheuer frustrierend, wenn die eigene Seele hausieren geht, um Geborgenheit zu finden.

Zu den innersten Bereichen gehören auch die eigenen Träume: die Tagträume genauso wie die Nachtträume. Beide geben Aufschluss über das, was uns im Innersten fehlt und was wir uns wünschen. Oder sie zeigen uns, dass es eine andere Wirklichkeit gibt als die Wachrealität und dass wir im Innern Gebiete erobern, erspüren und ausfüllen können, die wir im äußeren Leben nicht antreffen.

Zu dieser Kompetenz gehört auch die emotionale Teilhabe am anderen, mit dem wir identifiziert sind. In der Identifikation werden wir gleichsam ein Stück weit der oder das andere. Es ist nicht der Abstand der intellektuellen Wahrnehmung da, sondern es ist ein gefühlsmäßiges Hineingenommensein oder -werden ins Gegenüber. Deshalb gehört die Empathie zentral zum **Fühl-Prinzip**: die Bedürfnisse, Regungen und Befindlichkeiten beim andern und sich selbst spüren.

Es ist interessant, wie sich mit jeder Kompetenz weitere Räume öffnen: Das Wollen ist ganz unmittelbar, im Haben sind wir immer auf das Besessene konzentriert, im Wissen erschließt sich die begriffliche Welt, und hinter oder in ihr tun sich jetzt die seelischen Weiten auf.

Im besten Fall erleben wir, dass wir uns wohlfühlen, weil wir beschützt und geborgen sind, uns eins mit der Natur fühlen – alles ist gut, alles geschieht von selbst, die körperlichen Funktionen, das Atmen – alles; es bedarf keiner Anstrengung – nur sich fallen lassen und spüren – das ist das **Fühlende** in uns.

Es ist auch die Sehnsucht, die Grenze zwischen Ich und Du aufzuheben. Ganz ruhig miteinander sein, miteinander verschmelzen, so wie Säugling und Mutter ruhig und innig aufeinander bezogen sein können. Die Bedürfnisse des Kindes werden befriedigt. Über diese Befriedigung fasst der Mensch Zutrauen zur Welt. Sein Urvertrauen kann sich entwickeln. Alles ist gut – die Welt ist angenehm. Freud spricht vom »ozeanischen Gefühl« – es ist wie ein grenzenloses Verschmolzensein.

Aufgrund dieser Geborgenheit bin ich für Eindrücke empfangend geöffnet. Alles nehme ich staunend und völlig unvoreingenommen auf. Ich brauche nichts zu bewerten oder abzuwehren; ich kann mich der Natur hingeben, weil alles gut ist und ich unerschütterliches Vertrauen habe. »So wie als Kind meine Bedürfnisse befriedigt wurden, so werden weiterhin bis zu meinem Lebensende all meine Bedürfnisse von der Natur befriedigt« – so spricht das **Fühl-Prinzip** als Stimme des Urvertrauens.

Fühlen, Empfinden und Spüren – das sind die typischen Wesensmerkmale. Ich suche mich durch das, was ich fühle. Wenn ich meinem Ich immer weiter nachspüre, so rühre ich an das, was sich unverändert als eine Art Ich-Befindlichkeit an mein tiefstes Identitätsgefühl anbindet. Es ist ein leises Bei-sich-Sein, das ganz außerhalb unserer gesellschaftlichen Rolle, unserer Eigenschaften, unserer Bildung, unserer Titel steht.

So weit, so kuschelig und so nett geborgen im grünen Bereich der Bewusstseinsskala. Wie sieht es im roten aus? Da schlägt alles ins Gegenteil: Aus der empathischen Anteilnahme wird ein schwül-schwülstiges Helfen-Wollen. Die überfürsorgliche Mutter hat Richtung Nullinger ihren Auftritt. Sie stiftet kein Vertrauen im Kind, sondern macht es immer bedürftiger. So wird der Grundstein für symbiotisch verkrallte Beziehungen gelegt. Unter fünfzig dominiert **Fühlende** mit Hilflosigkeit, Weinerlichkeit, Sentimentalität und Überbedürftigkeit: Das nimmersatte Kind, das bis zum letzten Atemzug der Zuwendung hinterherrennt. Ein ungemütlicher Zustand, der danach schreit, diese Kompetenz zu stärken.

Als **Projektionsfläche** sind alle Lebensfelder geeignet, die mit Fürsorge, Wohnen, natürlicher Ernährung und Kleidung sowie mit Heilung der Seele – vom Seelsorger bis zum Psychotherapeuten – zu tun haben. Schauen Sie, wie es aussieht, wenn **Fühlende** gemütlich über die Skala schlendert.

Fühlende auf der Bewusstseinsskala differenzieren

Fühlende Richtung Nullinger
<u>Modell: Null Bock</u>
Eberhart findet es sinnlos und öde aufzustehen. Alles kostet ihn so viel Kraft. Genau genommen fühlt er gar nichts. Dass das Depression heißt, ist ihm auch egal. Sich um sich kümmern? Null Bock. Sich um andere kümmern? Ebenso: null Bock.

<u>Modell: Ich mein's gut, aber ziehe runter</u>
Simone hat so viele Menschen, die sie brauchen, dass sie gar nicht merkt, wie unterernährt ihre eigene Seele ist. Sie ist so »mitleidend« mit dem Leid der ganzen Welt, dass ihr nie die

Idee käme, selbst in einer inneren Wüste zu sein. Es merken wohl nur die Menschen um sie herum. Woran? Daran, dass sie weinerlich ist und nie von Herzen lacht und so eine merkwürdige Aura der Schwere hat.

Fühlende Richtung Fullinger

Modell: Präzise Einfühlung

Sandra spürt genau die Gemütslage anderer und kann einfühlsam darauf reagieren, ohne von eigenen Emotionen überrollt zu werden. Sie achtet auch gut auf ihre eigenen Bedürfnisse, erfüllt sich ihre Wünsche und hat ein tiefes Vertrauen in die Welt, in sich und ihre Fähigkeiten. Ihr Gespür zeigt sich auch darin, dass sie Zwischentöne, nonverbale Botschaften und Humoriges präzise ausloten kann, ohne eigene Projektionen hineinzubasteln.

Modell: Naturliebhaber

Lothar hat einen ganz schönen Garten angelegt. Mit Teich und Blumenwiese. Sieht ganz natürlich aus. Und wenn er in seiner Hängematte liegt und in den Himmel schaut, dann fühlt er, mit der Natur eins zu sein.

Die Lösung

gelingt in der Besinnung auf sich selbst:

Von der Gefühlsduselei → zum authentischen Gefühl
Von der Bedürftigkeit → zum Bedürfnis
Vom Kindischen → zum Kindlichen
Vom Seelendrama → zur Seelentiefe

Die genaue Differenzierung entnehmen Sie der Skala. Wie immer gilt: Finden Sie heraus, wo Sie sich oder andere erleben, und dann wissen Sie, ob es in Bezug auf diese Kompetenz Handlungsbedarf gibt oder nicht.

Fühlende: Bedürfnisbefriedigung auf der Bewusstseinsskala vom Nullinger zum Fullinger

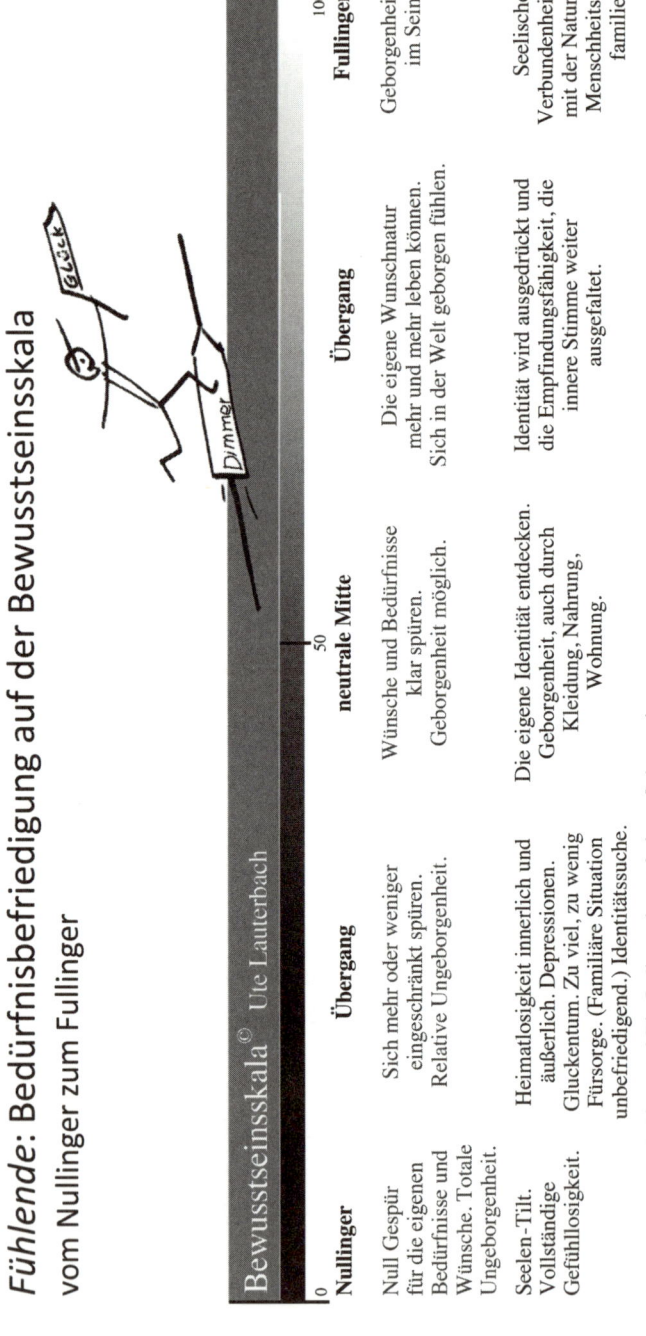

Bewusstseinsskala© Ute Lauterbach

Nullinger	Übergang	neutrale Mitte	Übergang	Fullinger
0		50		100
Null Gespür für die eigenen Bedürfnisse und Wünsche. Totale Ungeborgenheit.	Sich mehr oder weniger eingeschränkt spüren. Relative Ungeborgenheit.	Wünsche und Bedürfnisse klar spüren. Geborgenheit möglich.	Die eigene Wunschnatur mehr und mehr leben können. Sich in der Welt geborgen fühlen.	Geborgenheit im Sein.
Seelen-Tilt. Vollständige Gefühllosigkeit.	Heimatlosigkeit innerlich und äußerlich. Depressionen. Gluckentum. Zu viel, zu wenig Fürsorge. (Familiäre Situation unbefriedigend.) Identitätssuche.	Die eigene Identität entdecken. Geborgenheit, auch durch Kleidung, Nahrung, Wohnung.	Identität wird ausgedrückt und die Empfindungsfähigkeit, die innere Stimme weiter ausgefaltet.	Seelische Verbundenheit mit der Natur. Menschheitsfamilie.

Skriptbeispiele: Fühle nicht! Ein Indianer kennt keinen Schmerz!
Somatisierungstendenzen: Schleimhäute, Magen, Uterus, Vagina, Brust, Prostata (Weichteile)

78

Fühlende
auf einen Blick

physisch: weich, rund, fließend, sanft, behutsam, passiv

seelisch: empfindsam, feinfühlig, (Un-)Geborgenheit stiftend, in sich selbst beheimatet sein, Bei-sich-Sein, Urvertrauen, Einfühlungsvermögen, seelische Liebe, Weinerlichkeit, Schmollen, Selbstmitleid, Launenhaftigkeit, Gemütsleiden, Sentimentalität

geistig: empathisch wahrnehmend, mitschwingend, fantasievoll, Bedürfnis-Bewusstheit, Identifikation als gefühlsmäßige Verbundenheit, Erinnerungsvermögen

spirituell: existenzielle Geborgenheit, mit Träumen leben, innere Stimme, tiefste Identität

Zentralbegriffe und Objekte: Identitätsfindungsprozess, Natur, Herkunft, Familie, Kleidung, kindhafte Unbefangenheit, Identitätsgefühl, Gefühle, Wünsche, Träume, Bedürfnisse, Heim(at) + Herd, Teddybär, Wiege, Kuschelkram, Bett, Wohlfühlklamotten

Berufe: rund um Familie, Wohnen und Seelenpflege, Kochen, Ernährung, Kinderbetreuung, Gemütlichkeit, Pflegedienste

Körper: Magen, weiblicher Zyklus, Brust, Schleimhäute

Frage: Wie glaubwürdig sind Gefühle?

Auf den Punkt gebracht: Ich fühle, also lebe ich.

In einem Wort: Traumhaftes

Fühlende Bestandsaufnahme

Fragen zur Bedürfnisbefriedigung

Die Beantwortung dieser Fragen ermöglicht es zu begreifen, warum sich die Kompetenz so und nicht anders entwickelt hat.

> Hatte ich das Gefühl, mich auf meine Eltern verlassen zu können und spürte ich Zusammenhalt und Vertrauen? Skala 0–100: _____

> Wurden meine Bedürfnisse und Wünsche weitgehend wahrgenommen und befriedigt? Skala 0–100: _____

> Haben meine Eltern auch ihre eigenen Wünsche und Bedürfnisse erfüllt? Skala 0–100: _____

> War es gemütlich bei uns zu Hause? Skala 0–100: _____

> Erfuhr ich als Kind körperliche Zuwendung? (Kuscheln, Getragenwerden, An-der-Hand-Gehen etc.) Skala 0–100: _____

> Wurde mit mir eher einfühlsam (Skala 0–100: _____) oder barsch umgegangen?

> Gab es leckeres und gesundes Essen in meiner Ursprungsfamilie? Skala 0–100: _____

> War meine Garderobe bequem und aus natürlichen Materialien? Skala 0–100: _____

> Hatte ich einen Teddybären, und wie war meine Beziehung zu ihm?

_____

_____

_____

Bestandsaufnahme auf der Skala

Markieren Sie die Position auf der Bewusstseinsskala, die Ihr Hauptgefühl (= ungefähre Durchschnittsposition) in Kindheit, Jugend und heute widerspiegelt:

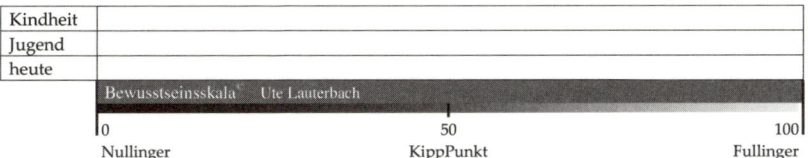

Kindheit	
Jugend	
heute	

Bewusstseinsskala© Ute Lauterbach

| 0 | 50 | 100 |
| Nullinger | KippPunkt | Fullinger |

Fühlende hochfahren

Fragen zur Steigerung der Bedürfnisbefriedigung

❯ Fühle ich mich in meiner Wohnung wohl?
Skala 0–100: _____
Wie könnte ich sie ggf. umgestalten?

_____

_____

_____

❯ Wie kann ich mir Geborgenheit verschaffen?

_____

_____

_____

> Habe ich ein gutes Bett? Skala 0–100: _____
> Ist meine Kleidung bequem und aus natürlichen Materialien? Skala 0–100: _____
> Tut mir meine Ernährung gut? Skala 0–100: _____
Gäb's da etwas zu verbessern?

_____

_____

_____

> Was für Wünsche und Bedürfnisse habe ich?

_____

_____

_____

> Wie kann ich sie befriedigen?

_____

_____

_____

> Habe ich eine gute, geklärte Beziehung zu meinen Eltern und allen anderen Familienmitgliedern? Wie und wann könnte ich sie normalisieren/optimieren?

_____

_____

_____

Fazit und Entscheidung: Was rät mir mein Glückspilot bezüglich dieser Kompetenz?

1. _____

_____

2. _____

_____

Fühlende und ihre Lieblingsmottos

> Nur das, womit ich mich identifizieren kann, zählt!
> Erst fühlen, dann …!
> Und welches Motto oder welche Devise passt für Sie besonders gut?

_____

_____

_____

MAJESTÄT

ERKENNEN + GERECHT WERDEN + LIEBEN

Sie zuerst!

Fantasieren und assoziieren Sie, was sich hinter diesem Namen
verbergen könnte:

_____

_____

_____

_____

Dachten Sie an:

Glanz und Glorie, Selbstbewusstsein, Rampenlicht, Bühne und
Angeberei? An Würde, Herrschaft, Management, Organisation?
An Autonomie, Selbstständigkeit und Selbstwirksamkeit? An
die Sonne, an Strahlen, an Wärme und Lebensfreude?

Es ist im Sinne Ihrer Majestät, wenn Sie das mit Selbstverständlichkeit so oder so ähnlich auch gedacht haben.

Majestät kennenlernen

Er kam, sah und siegte, weil er an sich glaubte.

Schärfen wir zunächst unsere Wahrnehmung für diese Kompetenz, indem wir sie introspektiv aufspüren.

Fühlen Sie in sich hinein, und orten Sie *Majestät* so genau wie möglich.

Fragen Sie sich:
Wie erlebe ich meine Freude, etwas zu bewirken und aus mir heraus zu strahlen? Wie fühlt sich mein reines »Ich bin!« an?
Wie sehr stimmt für Sie: »Ich trete auf, also bin ich«? Oder tautologisch auf anderer Ebene: »Ich bin, also bin ich«?

Wenn Sie sich ganz präzise auf Ihr Erleben konzentrieren, dann haben Sie die Kompetenz *Majestät* introspektiv geortet.

Die Gegenbewegung zur vorherigen Kompetenz besteht darin, dass ich meine Identität, die ich in der Reise nach innen erschlossen habe, nun gestalterisch nach außen bringe, das heißt, was ich im Tiefsten bin, so wie **Fühlende** es zutage gefördert und gespürt hat, das investiere ich in die Welt hinein. Ich bringe mich mit meinem Kernanliegen, mit meiner Individualität schöpferisch nach außen. Ich stehe und strahle selbst mit dem, was ich bin. Ich bin also selbstständig.

Ein Lichtstrahl hat einen Anfangs- und keinen Endpunkt. Der Anfangspunkt dieser Kompetenz ist das eigene Ich – das

Ende ist nicht in Sicht. Jedenfalls was das momentane Bedürfnis nach Selbstdarstellung anbelangt. Einfach aus sich heraus zu strahlen ist die Devise. Deshalb nenne ich diese Kompetenz **Majestät**. Ihr geht es um das eigenmächtige Handeln-Können aus sich heraus, ums Managen, um den souveränen Überblick und das Organisieren-Können. So nach dem Motto: »Ich diene nicht, sondern ich bin König oder Königin.«

Eine gewisse Großartigkeit lässt sich mit dieser Kompetenz verknüpfen. Großartig ist im Grunde die Leichtigkeit, mit der sich **Majestät** selbst Gesetze gibt, selbst für sich steht, selbst aus sich heraus lebt und handelt und es nicht nötig hat, auf die Anordnungen von Vater und Mutter zu warten. Hier trumpft die eigene Gesetzgebung – eben die Autonomie – auf. Und seinen Gipfel erfährt dieses Selbst-Handeln, wenn es etwas ganz Individuelles, Kreatives, Neues zum Ausdruck bringt. Deshalb ordnen wir die Kreativität und den Schöpfungsimpuls diesem Prinzip zu; ebenso den Spieltrieb, dieses völlige Aufgehen im Augenblick: nur spielen, nur sein, aus sich heraus strahlen, so wie die Sonne. Ähnlich augenblicksergeben ist das Aufgehen im Orgasmus. Sexualität, Spiel, Vergnügen, Unternehmungen reißen uns gleichsam aus der Zweckmäßigkeit des Alltags heraus. Es geht nur darum, am puren Dasein sich zu freuen. Verschwenderische, großzügige Freude! Majestät ist großzügig. Mit dieser Kompetenz leben wir nicht auf irgendeinen Zweck hin, sondern wir leben einfach, um uns zu vergnügen.

Denken wir an das zweckfreie Aufgehen im Augenblick auf einer noch höheren Ebene, dann zeigt sich eine andere Dimension von **Majestät**: nämlich das Nur-Geist-Sein. Hier geht es nicht mehr darum, dieses oder jenes zu denken, sondern das pure, geistige Eingeschaltet-Sein, das reine Präsent-Sein ist gemeint. Direkt gesagt: eine höhere Form der Selbstverwirklichung! Ihr geht es nicht darum, ein eigenes Projekt oder Anliegen in der Welt umzusetzen, sondern um die Selbstverwirklichung an sich. Es geht schlicht darum, das so definierte Selbst als reines Bewusstsein zu realisieren. Erschließen Sie sich diese Dimension und die grundlegende **Majestät-Qualität** introspektiv anhand folgender Übung:

Schließen Sie die Augen, Geräusche sind zwar da, aber stören Sie nicht, sie werden ausgeschaltet, auch Gerüche werden ausgeschaltet, Kälte und Wärme werden ausgeschaltet; für einen Moment beobachten Sie nur Ihre Atmung: Sie atmen tief ein und aus, ein und aus. In Ihnen sind Gedanken, die Sie jetzt nicht brauchen. Sie atmen ein und aus. Sie denken nichts, Sie atmen nur. Sie sind hellwach und klar: Sie erleben dieses Wachsein, Ihr mentales Da-Sein als Ihren Geist, als Ihr reines Bewusstsein.

In dieser Übung haben wir uns auf unser Da-Sein, unser Geist-Sein besonnen. Wir haben versucht, alles Beiwerk, also alle Eindrücke von außen und unsere Gedanken auszuschalten. Wir haben uns auf unseren Wesenskern, unser Selbst eingestellt. Dieses Selbst ist unsere Mitte, unsere Lebensmotivation und unser zentrales Anliegen. Wenn wir aus unserem Kernanliegen heraus handeln, dann haben wir auch die nötige Kraft für unser Tun, weil wir in Übereinstimmung mit uns selbst agieren.

Self-realization in diesem Sinne bedeutet auch, dass ich in der äußeren Welt nichts mehr beweisen muss.

Die Schattenseite dieser wahrhaftig strahlenden Geistheit sehen wir bei den nicht integrierten Formen von **Majestät**: nämlich ein übertriebenes Beweisen-Müssen der eigenen Großartigkeit. Prahlerei, Angeberei und Überheblichkeit sind Unter-fünfzig-Ausgaben von **Majestät**. In diesem Fall kommt die Sehnsucht, zu seinem Selbst, wie es in seiner Einzigartigkeit und Individualität ist, vorzustoßen nicht zum Ziel.

Projektionsflächen für dieses Prinzip finden sich im Bereich Theater, in allen Bereichen, die mit Organisation und

Management zu tun haben, in jedem selbstständigen Beruf, in der Spielzeug-, Auto- und in der Sexbranche ebenso. Es geht um alles, was uns ein Herzensanliegen und deshalb Berufung ist.

Und was passiert, wenn wir unser Herzensanliegen nicht spüren und unserer Berufung nicht (mehr) folgen können? Werden wir dann an unserem Zentralorgan, dem Herzen, krank? Was bricht wem das Herz? Es gibt keine pauschalen Antworten. Im besten Fall gelingt uns intelligentes und einfühlsames Fragen, um psychische Faktoren, die ein Erkranken auslösen können, dingfest zu machen. Begleiten wir **Majestät** über die Bewusstseinsskala.

Majestät auf der Bewusstseinsskala differenzieren

Majestät Richtung Nullinger

Modell: Frustrierter Kotzbrocken

Walter ist der Einzige, der weiß, dass er der Größte ist. Er versucht das jedem klarzumachen. Einerlei, ob's jemand hören will oder nicht. Die Reaktionen sind aus Walters Sicht einfach ignorant. Es schnallt außer ihm niemand, wie grandios er ist. Komisch! Es muss wohl daran liegen, dass die anderen zu borniert sind. Walter trägt zwar immer dicker auf, allerdings mit immer größerem Misserfolg.

Modell: Überall dabei und deshalb alles verpasst

Vera lässt nichts aus. Schnell auf die Party, die Vernissage auch mitnehmen, grad noch mal in den Club und dann den neuen Film mit Dominik ansehen. Möglichst 48 Stunden in 24 leben. Vor lauter Überall-Dabei und Nichts-Auslassen merkt Vera nicht, dass sie ihr wirkliches Leben verpasst. Sie kann nicht innehalten und sich nicht innen halten.

Majestät Richtung Fullinger
Modell: Selbst strahlen und andere strahlen lassen
Sonja strahlt ihr Kernanliegen förmlich aus: Sie will durch ihre neurobiologischen Forschungen dazu beitragen, dass ein Freizeitpark geschaffen wird, der es Menschen ermöglicht, nicht abgelenkt, sondern zutiefst erfüllt zu werden. Sie ist kreativ, organisiert und koordiniert die vielen Facetten dieses Projekts mit leichter Hand.

Die Lösung
liegt in dem Dreh vom Ego zum Selbst:
Von der egozentrischen
    Selbstdarstellung   → zur Autonomie
Vom Angeben   → zum Selbstausdruck
Vom Vergnügen   → zur Freude
Von der Unselbstständigkeit → zur Selbstständigkeit

So sehen die einzelnen **Majestät**-Stationen auf der Bewusstseinsskala aus:

Majestät: Selbstwirksamkeit auf der Bewusstseinsskala vom Nullinger zum Fullinger

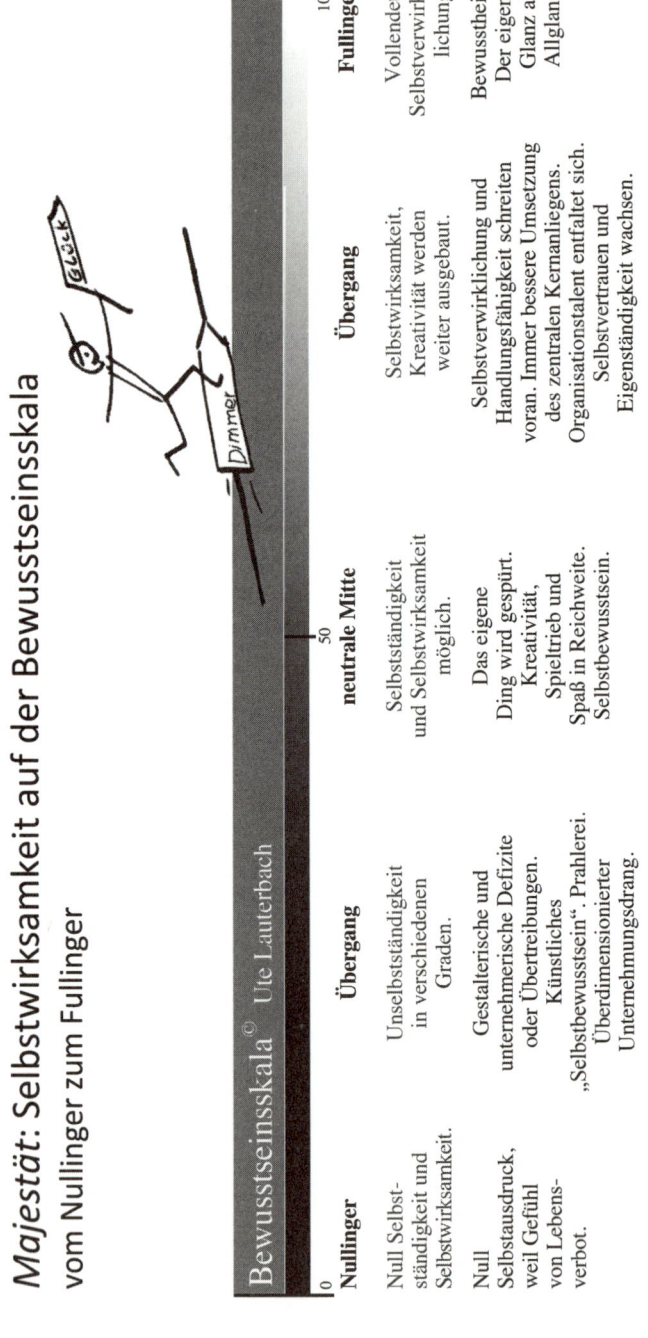

Bewusstseinsskala © Ute Lauterbach

Nullinger	Übergang	neutrale Mitte	Übergang	Fullinger
Null Selbst-ständigkeit und Selbstwirksamkeit.	Unselbstständigkeit in verschiedenen Graden.	Selbstständigkeit und Selbstwirksamkeit möglich.	Selbstwirksamkeit, Kreativität werden weiter ausgebaut.	Vollendete Selbstverwirk-lichung.
Null Selbstausdruck, weil Gefühl von Lebens-verbot.	Gestalterische und unternehmerische Defizite oder Übertreibungen. Künstliches „Selbstbewusstsein". Prahlerei. Überdimensionierter Unternehmungsdrang.	Das eigene Ding wird gespürt. Kreativität, Spieltrieb und Spaß in Reichweite. Selbstbewusstsein.	Selbstverwirklichung und Handlungsfähigkeit schreiten voran. Immer bessere Umsetzung des zentralen Kernanliegens. Organisationstalent entfaltet sich. Selbstvertrauen und Eigenständigkeit wachsen.	Bewusstheit. Der eigene Glanz als Allglanz.

Skriptbeispiele: Sei nicht! Das kannst du noch nicht alleine!
Somatisierungstendenzen: Herz, Kreislauf

90

Majestät
auf einen Blick

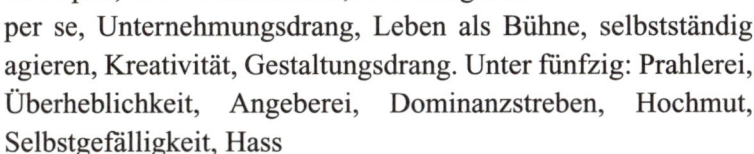

physisch: Ausstrahlung, Erhabenheit,
würdevolles Auftreten, Vitalität, Libido
seelisch: im Glanz des eigenen Selbstbewusst-
seins strahlen, weitherzig, großzügig, Spiel
und Spaß, Unverbindlichkeit, Freiheitsgefühl
per se, Unternehmungsdrang, Leben als Bühne, selbstständig
agieren, Kreativität, Gestaltungsdrang. Unter fünfzig: Prahlerei,
Überheblichkeit, Angeberei, Dominanzstreben, Hochmut,
Selbstgefälligkeit, Hass
geistig: Bewusstheit, den großen Überblick behaltend, deshalb
Organisationstalent, Management und Fähigkeit zu delegieren,
das Kernanliegen anpeilen und im Blick behalten
spirituell: des reinen Bewusstseins innewerden
Zentralbegriffe und Objekte: zentraler Lebenswunsch, Individualität, Schöpfungsimpuls, Sexualität, Prozess der Selbstverwirklichung, Handlungsfähigkeit, Stolz, Selbstständigkeit,
Verselbstständigungsprozess, Gold, Vergnügungsartikel, Spiel-
(casino), alles, was strahlt
Berufe: rund ums Theater, König, Manager, Animateur, Unter-
nehmer, Salonlöwe, kreative Berufe, Showmaster, Entertainment, Karaoke
Körper: Herz und Kreislauf
Frage: Was genau ist der Unterschied zwischen Selbstvertrauen
und Selbstgefälligkeit?
Auf den Punkt gebracht: Wer selbstwirksam aus sich selbst
heraus strahlt, steht nicht im Schatten fremden Glanzes.
In einem Wort: Lebensschöpferisches

Majestät Bestandsaufnahme

Fragen zum Selbstausdruck

Die Beantwortung dieser Fragen ermöglicht es zu begreifen, warum sich die Kompetenz so und nicht anders entwickelt hat.

> Wurde in meiner Ursprungsfamilie gespielt? (Nicht nur mit den Kindern) Skala 0–100: _____

> Wurde meine Kreativität gefördert oder nicht? Skala 0–100: _____

> Begegneten meine Eltern dem Leben eher auf spielerische (Skala 0–100: _____) oder verbissene Art und Weise?

> Standen Vergnügen und Spaß hoch im Kurs (Skala 0–100: _____) oder wurden sie kaum beachtet?

> Hatte ich ausreichend Gelegenheit, mit anderen Kindern zu spielen? Skala 0–100: _____

> Haben meine Eltern alles selbst gemacht (Skala 0–100: _____), oder wurden Arbeiten auch delegiert?

Bestandsaufnahme auf der Skala

Markieren Sie die Position auf der Bewusstseinsskala, die Ihr Hauptgefühl (= ungefähre Durchschnittsposition) in Kindheit, Jugend und heute widerspiegelt:

Kindheit	
Jugend	
heute	

Bewusstseinsskala®   Ute Lauterbach

0	50	100
Nullinger	KippPunkt	Fullinger

Majestät hochfahren

Fragen zur Steigerung des Selbstausdrucks

> Wie könnte ich meine Selbstständigkeit fördern?

_____

_____

_____

> Wie könnte ich meine Kreativität ausbauen?

_____

_____

_____

> Habe ich genug Spaß im Leben? Skala 0–100: _____
> Wie und wo ließe sich noch Spaß einbauen?

_____

_____

_____

> Welche Arbeiten könnte ich delegieren? An wen?

_____

_____

❯ Wie und in welcher Hinsicht könnte ich spielerischer sein?

_____

_____

_____

❯ Bin ich zufrieden mit meiner Sexualität? Was könnte toller sein? Welche Möglichkeiten habe ich?

_____

_____

_____

Fazit und Entscheidung: Was rät mir mein Glückspilot bezüglich dieser Kompetenz?

1. _____

_____

2. _____

_____

Majestät und ihre Lieblingsmottos

> Alle Schätze sind in mir, deshalb reicht es, dass ich bin.
> Das Leben ist ein Ponyhof.
> Und welches Motto oder welche Devise passt für Sie besonders gut?

DENKER

ERKENNEN + GERECHT WERDEN + LIEBEN

Sie zuerst!

Fantasieren und assoziieren Sie, was sich hinter diesem Namen verbergen könnte:

_____

_____

_____

_____

Dachten Sie an:

Denken, differenzieren, Vernunft? Unterscheidungsvermögen, kritischen Verstand, Kritikfähigkeit, Nörgelei, geistige Klarheit, Reinlichkeit, Putzwahn, Pingeligkeit? Gründliche Analyse? Differenzierte und differenzierende Wahrnehmung, scharfe Beobachtungsgabe – und deshalb ein der jeweiligen Situation angemessenes Verhalten?

Und wenn das Differenzieren Ihr Hochgenuss ist, dann haben Sie sicher noch weitere Ziselierungen dieser Kompetenz gefunden.

Denker kennenlernen

Ich bin dankbar für die schärfste Kritik,
solang sie nur sachlich bleibt.

Otto von Bismarck

Schärfen wir zunächst unsere Wahrnehmung für diese Kompetenz, indem wir sie introspektiv aufspüren.

Fühlen Sie in sich hinein, und orten Sie *Denker* so genau wie möglich.

Fragen Sie sich:
Wie erlebe ich meine Vernunft und mein Urteilsvermögen? Wie fühlt sich meine Kritikfähigkeit an?
Wie sehr stimmt für Sie: »Ich denke, also bin ich«?

Wenn Sie sich ganz präzise auf Ihr Erleben konzentrieren, dann haben Sie die Kompetenz *Denker* introspektiv geortet.

Die nächste Kompetenz schiebt das Gesamtgeschehen wieder mit einer Gegenbewegung an. In dieser Gegenbewegung geht es darum, die ungefiltert nach außen strömende **Majestät** auszudifferenzieren, damit ihr oft ausuferndes Gehabe nicht alles niedermacht. Das pure **Majestät**-Ego, das den anderen nicht kennt, dem es allein um das Ausleben des Eigenen geht, bedarf einer Eindämmung und genauen Feinabstimmung, um sozusagen partnerfähig zu werden. Den Job übernimmt die sechste Kompetenz. Sie ist zuständig für das bewusste Denken. Daher der Name **Denker.** Der Weg ist die präzise Wahrnehmung. **Denker** will gezielt verfeinern und differenzieren. So kann **Denker** gut vermitteln und vorbereiten auf die nächste Kompetenz, wo das Du, der andere auf den Plan tritt. Diese Vermittlung zwischen dem puren **Majestät**-Ego und dem anderen gelingt durch eine klare Analyse seelischer Regungen. Sie liefert das »Material« für eine kluge Aussteuerung. **Denker** erforscht Innen- und Außenwelt und geht in die Tiefe. In der Wissenschaft reicht unser Forscherdrang über die reine Daten- und Informationssammlung, wie sie der Kompetenz **Wissbegier** eigen ist, hinaus. Denken heißt trennen und verknüpfen. Im rationalen Erschließen der Welt brauchen wir ein sachliches, vernünftiges Denken, das durch sein unbestechliches Urteils- und Differenzierungsvermögen Neues entdeckt und die Welt domestiziert. Also vom Verstand (**Wissbegier**) zur Vernunft (**Denker**). **Denker** will die Zusammenhänge verstehen, sie in eine Theorie gießen, damit wir nicht überrumpelt werden können, weder vom puren Ego noch vom Du. Haben wir ein System oder eine Theorie, dann wird die Welt handhabbarer, leichter zu kontrollieren, und damit reduziert sich **Denkers** Angst, denn jetzt hilft die jeweilige Theorie beim Aussteuern. Scharfes Denken setzt scharfe Wahrnehmung voraus. Beide fördern die detaillierte Analyse und in der Folge die Kontrolle. Hier ist **Denkers** Terrain.

Zur Differenzierungs- und Präzisionslust gehört überdies der differenzierte Ausdruck. Seelenregungen und alle anderen Phänomene wollen exakt erfasst sein. Die genaue Formulierung dessen, was an seelischer Regung da ist, wirkt sich günstig auf die Gesundheit aus. Denn je präziser und genauer ich meine Gefühle zeige, umso größer ist die Seelenhygiene, die ich betreibe, und umso größer ist die Krankheitsprophylaxe. Denn was ausgedrückt ist, belastet und verschmutzt die Seele nicht mehr. Hier zeigt sich der innere Zusammenhang von Gesundheit und seelischem Ausdruck. Therapie, das Krank- und Gesundwerden sind ebenfalls **Denkers** Anliegen.

Auf einer anderen Ebene gelebt, wird dieses psychohygieni-sche Bedürfnis von **Denker** einfach als Putzfimmel ausge-drückt. Das innere Saubermachen verlagert sich auf das äußere Saubermachen. Alles muss gereinigt werden, alles muss richtig sein, alles muss unter Kontrolle sein, denn da, wo keine Kont-rolle besteht, überrollen das Ego, die Umstände oder andere. Dieses Kontrollbedürfnis macht begreiflich, wieso Kritiksucht und Pedanterie zu dieser Kompetenz gehören.

Gezielter und kontrollierter Selbstausdruck ist besonders bei der Arbeit gefragt. Die richtige Arbeit hat mit dem richtigen, fein ausgesteuerten Selbstausdruck zu tun. Sie ist deshalb ge-sundheitsfördernd, so wie das authentische Ausdrücken der ei-genen Gefühle, während die falsche Arbeit oder das Herunter-schlucken der eigenen Gefühle seelisch verschmutzt und Krankheit fördert. Die Kurzformel: Die falsche Arbeit kann krank machen.

Denker ist erfolgreicher, wenn wir die alles kritisierende Fremdbeobachtung ummünzen in heilsame Selbstbeobachtung, denn heilsame Selbstbeobachtung führt zu verändertem Tun so-wie zu realistischer Selbstkritik und -optimierung.

Als **Projektionsflächen** eignen sich alle Tätigkeiten, die mit Beobachtung und Wahrnehmung zu tun haben, Mikroskophan-del, Optiker, sämtliche wissenschaftlichen Felder oder thera-peutische Tätigkeiten. Außerdem ist **Denker** am Start, wenn es um Reinigung geht: Putzmittel, Antivirenprogramme, Diätspe-zialisten, Ernährungsfachleute usw.

Denker auf der Bewusstseinsskala differenzieren

Denker Richtung Nullinger
Modell: Nörglerin hoch zehn

Kein Mensch kann so vollkommen und perfekt sein, als dass Heidrun nicht noch etwas fände, was verbesserungsbedürftig oder gar unhaltbar wäre. Sie sieht noch Haare in der Suppe, wo längst keine Suppe mehr ist. Wen wundert's, dass Heidrun einen markanten Partnerschwund zu verzeichnen hat? Sie ist nicht in der Lage, ihrer Kritikfähigkeit gegenüber kritisch zu sein. Zumindest nicht, wenn sie im Tunnelblick Richtung Nullinger an anderen herumnörgelt. Je mehr sie kritisiert, umso erziehungsresistenter wird ihr Gegenüber, umso stabiler das jeweils kritisierte Verhalten. Das verunsichert sie so sehr, dass sie schließlich mit säuerlicher Miene am Nullinger einfriert.

Denker Richtung Fullinger
Modell: Psychotherapeut

Heiko ist erfolgreicher Psychotherapeut, denn ihm entgeht nichts. Scharf beobachtet er jede Regung seines Gegenübers. Ob es das leichte Hochziehen einer Augenbraue ist, das Zucken des Mundwinkels, die unruhige Bewegung mit der Hand. Er registriert einfach alles. Und es gelingt ihm, präzise und aufmerksam nachzufragen und so sein Gegenüber situationsangemessen zur eigenen Lösung zu führen. In diesem flexiblen Mitgehen bleibt seine Wahrnehmung zugleich auf sich selbst gerichtet, wodurch er noch leichter weit über fünfzig auf der Bewusstseinsskala bleiben kann.

Die Lösung
gelingt, wenn der kritische Blick nicht nur nach außen, sondern auch nach innen schaut:

Von der Pingeligkeit	→ zum Scharfblick
Vom Putzfimmel	→ zur Seelenhygiene
Von der Unordnung	→ zur Angemessenheit
Vom verflachenden Intellektualismus	→ zur Intelligenz
Von der Kritiksucht	→ zum ausgewogenen Urteil
Vom Pauschalisieren	→ zur Differenzierung

An den verschiedenen Stationen der Bewusstseinsskala sieht das Differenzierungsvermögen so aus:

Denker: Differenzierungsvermögen auf der Bewusstseinsskala vom Nullinger zum Fullinger

Bewusstseinsskala © Ute Lauterbach

Nullinger	Übergang	neutrale Mitte	Übergang	Fullinger
0		50		100
Null Differenzierungsvermögen. Vollständige Denk- und Wahrnehmungsblockade.	Differenzieren, denken und wahrnehmen mehr oder weniger mühevoll.	Differenzierungsvermögen wegen klarer Rationalität und Wahrnehmung vorhanden.	Durch die Weiterentwicklung der analytischen Fähigkeiten Fortschreiten des geistigen und seelischen Ausdrucks.	Aperspektivische Schaulogik.
Völlige Unterordnung. Zwangsanpassung. Sklavenbewusstsein.	Untergeordnet arbeiten. Unklare Wahrnehmung → ungenaues Ausdrücken der eigenen Gefühle. Seelische Verschmutzung. Krankheit. Oder: Putzfimmel und Kritiksucht.	Anpassung als situationsadäquates Vorgehen. Eigene Gefühle klar wahrnehmen und ausdrücken. Seelische Reinigung. Gesundheit.	Anpassung an sich selbst. Selbstbestimmt arbeiten.	Integrative Differenziertheit als Synthesenbildung auf höherer Ebene.

Skriptbeispiele: Indirekt: Double binds, die die Wahrnehmung irritieren. „Ich weiß besser, was dir guttut."
Somatisierungstendenzen: Stoffwechsel, Darm

Denker
auf einen Blick

physisch: aufmerksam, wahrnehmend, wachsam, bewusst, Yoga

seelisch: sortiert, aufgeräumt, vorsichtig, anpassungsfähig, bedacht, sorgsam, ordentlich, arbeitsam, Gefühle kennen und zeigen, reinlich, unter fünfzig auf der Bewusstseinsskala: pingelig und sich unterordnend

geistig: differenziert, analytisch, vernünftig, rational, sachlich, kritisch, beobachtend, diagnostizierend, detailbewusst, genau, effizient, überkritisch, nörglerisch

spirituell: buddhistische Achtsamkeitsmeditationen

Zentralbegriffe und Objekte: Vernunft, geistige und seelische Reinigung, Reinigungsprozess, Mikroskop, Haushalt, alles, was praktisch ist, Ordnungssysteme

Berufe: alles, wofür wissenschaftliche Exaktheit erforderlich ist, Reinigung – sowohl konkret als auch psycho-hygienisch, Gesundheitswesen, exakte Sachbearbeitung

Körper: Darm, Stoffwechsel

Frage: Wie sicher ist das Leben?

Auf den Punkt gebracht: Differenzierung ermöglicht neue Synthesen auf höherer Ebene.

In einem Wort: Vernunftschaffendes

Denker Bestandsaufnahme

Fragen zum Differenzierungsvermögen

Die Beantwortung dieser Fragen ermöglicht es zu begreifen, warum sich die Kompetenz so und nicht anders entwickelt hat.

> Haben meine Eltern Dinge analysiert und hinterfragt?
> Skala 0–100: _____

> Hatten sie eine eher scharfe Beobachtungsgabe oder eher nicht? Skala 0–100: _____

> Wurden meine analytischen Fähigkeiten gefördert?
> Skala 0–100: _____

> Wurden in meiner Ursprungsfamilie authentische Gefühle – positive wie negative – zum Ausdruck gebracht
> (Skala 0–100: _____) oder wurden sie unterdrückt?

> Hatte ich genug Raum, alle meine Gefühle zu zeigen?
> Skala 0–100: _____

> Haben meine Eltern von mir Anpassung und Unterordnung gefordert (Skala 0–100: _____), und wie war ihr eigenes Verhalten diesbezüglich?

_____

_____

_____

> Wie wurde ich motiviert, im Haushalt mitzuarbeiten?

_____

_____

> Welche innere und äußere Haltung hatten meine Eltern dem Thema Krankheit und Gesundheit gegenüber

_____

_____

> Haben meine Eltern effizient gearbeitet
> (Skala 0–100: _____) und mich zu Effizienz angehalten?

Bestandsaufnahme auf der Skala

Markieren Sie die Position auf der Bewusstseinsskala, die Ihr Hauptgefühl (= ungefähre Durchschnittsposition) in Kindheit, Jugend und heute widerspiegelt:

Kindheit	
Jugend	
heute	

Bewusstseinsskala®   Ute Lauterbach

0	50	100
Nullinger	KippPunkt	Fullinger

Denker hochfahren

Fragen zur Steigerung des Differenzierungsvermögens

> Analysiere oder zeige ich Gefühle? Welche Gefühle könnte ich bestimmten Leuten zeigen? Wie? Wann?

_____

_____

_____

> Passe ich mich zu viel oder zu wenig an? Wie könnte ich das ändern?

_____

_____

_____

> Was könnte ich noch tun, damit mir meine Arbeit richtig Spaß macht?

_____

_____

_____

> Wie könnte ich meine Arbeit effizienter gestalten?

_____

_____

_____

> Tue ich genug und das Richtige für meine Gesundheit? Skala 0–100: _____

Wie ließe sie sich noch fördern?

_____

_____

❯ Gibt es Miesbereiche in meinem Leben, die ich mir nicht richtig anschaue? Was sähe ich, wenn ich sie nun doch genau betrachte?

_____

_____

_____

❯ Welche Handlungskonsequenzen wären sinnvoll?

_____

_____

_____

Fazit und Entscheidung: Was rät mir mein Glückspilot bezüglich dieser Kompetenz?

1. _____

_____

2. _____

_____

Denker und seine Lieblingsmottos

> Nur, was ich klar durchdacht habe, dient dem Leben.
> Was ich mit wacher Aufmerksamkeit mache, erspart überflüssige Schlenker.
> Und welches Motto oder welche Devise passt für Sie besonders gut?

_____

_____

_____

CHARMEUR

ERKENNEN + GERECHT WERDEN + LIEBEN

Sie zuerst!

Fantasieren und assoziieren Sie, was sich hinter diesem Namen verbergen könnte:

_____

_____

_____

_____

Dachten Sie an:

Flirt, Hofieren, Charme, Schmeichelei, Erotik, Sinnlichkeit, Ästhetik, Kunst, Schönheit, Geschmack, Liebesfähigkeit, Kontakt? Und durch den Kontakt die Begegnung mit den Gedanken anderer?

Wenn ja, dann haben Sie jetzt ein schöngeistiges Gespräch mit Croissant und Cappuccino verdient.

Charmeur kennenlernen

Schön ist dasjenige, das, indem es
das Sinnliche vollkommen befriedigt,
zugleich die Seele erhebt.
Grillparzer

Schärfen wir zunächst unsere Wahrnehmung für diese Kompetenz, indem wir sie introspektiv aufspüren.

Fühlen Sie in sich hinein, und orten Sie *Charmeur* so genau wie möglich.

Fragen Sie sich:
Wie erlebe ich mein sinnliches Übergehen zum Schönen, zum anderen? Wie meine Liebesfähigkeit?
Wie sehr stimmt für Sie: »Ich liebe, also bin ich«?

Wenn Sie sich ganz präzise auf Ihr Erleben konzentrieren, dann haben Sie die Kompetenz *Charmeur* introspektiv geortet.

Mit der nächsten Kompetenz haben wir eine ganz besondere Gegenbewegung. Der mehr ichbezogene Bereich des Kompetenzkanons ist abgeschlossen und das Du, der andere tritt in unser Leben. Eine Fortsetzung findet in der Weise heimlich statt, dass alles, was wir nicht leben und nicht haben, vom anderen, vom Du ergänzt werden soll. Der magische Trick, mit dem das passiert, ist die Verliebtheit. Ich nenne diese Kompetenz **Charmeur**.

Die Menschen, die wir über die Verliebtheit in unser Leben

ziehen, sind in der Regel diejenigen, die das haben, was uns fehlt. Deshalb lieben wir auf eine merkwürdige Art immer uns selbst beziehungsweise das, was wir in uns nicht haben, im anderen. Der andere, das Du, sorgt auf diese Weise für einen Ausgleich, für Harmonie im Gesamtsystem. Dieser Ausgleich birgt allerdings einen Wermutstropfen in sich. Wenn wir nämlich noch nicht in voller Harmonie und im Ausgleich mit uns selbst sind, dann wird der andere zum Ersatz für das, was uns fehlt. Hätten wir alles in uns selbst ausgebildet, dann wäre der andere eine Überhöhung, dann wären wahre Liebe, echte Erotik im Gegensatz zu ausgleichender Seelenkrückenfunktion möglich, dann würden wir über uns in der Liebe hinauswachsen und uns nicht partiell im Verliebtsein substituieren durch das im anderen Geliebte.

Im Kontakt gehen wir in die Gedankenwelt der anderen. So hilft die Begegnung, sich gedanklich zu profilieren und eigene Meinungen zu verfeinern. In der Auseinandersetzung mit dem Gegenüber erweitern wir nicht nur unseren Gesichtskreis, sondern können einseitige Vorstellungen korrigieren und ausgleichen. Im besten Fall finden wir durch den Austausch zu mehr innerer Harmonie.

Weil wir in der Beziehung meist gefallen wollen, sind die Themen Attraktivität und Erotik am Start. Eine Herausforderung an den Schönheitssinn und eine Aufforderung, den eigenen Geschmack zu entwickeln. Eine Form der Selbstüberhöhung liegt in der Mode, im Sich-Schmücken. Zwei Extreme zeichnen sich ab: einmal das Unmodisch-Sein, das Geschmacklich-verarmt-Sein und die geschmackliche Überdrehtheit, das entartete Glitzern. Die wirklich ausgewogene Mitte liegt im Freilegen der eigenen Schönheit, im Sich-Übersteigen auf das, den oder die Geliebte hin. Über sich hinauswachsen!

Letztlich geht es **Charmeur** darum, zur inneren Harmonie zu finden. Das gelingt, wenn wir im Kontakt zunächst entdecken, was uns fehlt, und dann das Fehlende auf eine für uns bekömmliche Art selbst entwickeln. Genau das ist psycho-energetische Integration.

Als **Projektionsfläche** bieten sich wie immer alle Bereiche an, die von der jeweiligen Kompetenz berührt werden. Beim **Charmeur** zum Beispiel die Modebranche, Kunst, Kontaktbörsen, Diplomatenjobs, Friedensbewegungen, alles, was mit Gerechtigkeit und Ausgleich zu tun hat.

Charmeur auf der Bewusstseinsskala differenzieren

Charmeur Richtung Nullinger
<u>Modell: Charmeur und Schleimer</u>
Tobias versucht vergeblich, alle um den Finger zu wickeln. Er schmeichelt jedem, macht Komplimente, dass es nur so kracht. Und bemerkt nicht, wie abstoßend sein festgefrorenes Dauerlächeln ist. Seine Not ist, dass er kein Gespür für den richtigen Ton hat und sich bemüht, diesen Mangel durch seine schleimige Schmeicheltour zu überdecken. Beim Empfänger seiner Liebesdienerei kommt jeder Misston an und provoziert Rückzug, Aggression oder Pendantgesäusel. So verschärft Tobias seine Isoliertheit und – falls er sie nicht auch noch vor sich selbst »weglächelt« – seine Verzweiflung.

Charmeur Richtung Fullinger
<u>Modell: Glückspilz</u>
Lisa hat die Begabung, überall und in jeder Hinsicht für Ausgleich zu sorgen. Sie fängt bei sich selbst an. Ganz wichtig ist ihr die innere Ausgeglichenheit. Deshalb achtet sie darauf, ihre Kompetenzen schön über fünfzig zu halten. Sie genießt ihre innerseelische Homöostase, ihr Gleichgewicht. Ihre innere Har-

monie steckt ihre Mitmenschen an. Bei Lisa stimmt einfach alles. Ihr Lebensstil ist in guter Balance: genug Arbeit und Freizeit, genug Ruhe und Bewegung, genug Schlaf und Aktivität, genug und richtige Ernährung, genug Geselligkeit und Eigenzeit. Sie liebt und genießt das Schöne. Sie ist immer stimmig gekleidet und spricht aus ihrer Ruhe heraus. Kein Wunder, dass sie viel Glück anzieht. Sie ist ein reiner Glückspilz.

Die Lösung
ist unvermeidlich, wenn die wahrhaftige, innere Resonanz alles Äußere überhöht:

Von der Scheinharmonie	→ zur wahren Harmonie
Vom Ekel	→ zur Schönheit
Von der Heuchelei	→ zur Authentizität
Von der Geschmacklosigkeit	→ zur Ästhetik
Vom Zuviel und vom Zuwenig	→ zur richtigen Menge

Und jetzt der Blick auf die Bewusstseinsskala:

Charmeur: Kontakt- und Liebesfähigkeit auf der Bewusstseinsskala vom Nullinger zum Fullinger

Bewusstseinsskala© Ute Lauterbach

Nullinger (0)	Übergang	neutrale Mitte (50)	Übergang	Fullinger (100)
Null Kontakt zu sich selbst und somit zu anderen.	Kontaktarmut. Mangelnde erotische Anziehung. Projektionen in voller Blüte.	Kontakt- und Liebesfähigkeit spürbar.	Wachsen am Austausch mit anderen.	Sich und andere wirklich lieben.
Isolation.	Kein eigener Geschmack: unmodisch oder Modegehorsam. Schmeichelei. Harmoniesucht, Scheinharmonie. Entscheidungsschwäche.	Auch als Berührung mit der Gedankenwelt anderer. Partner- und Beziehungsfähigkeit. Projektionsfreiheit. Charme. Echte Harmonie. Ausgleich. Richtiges Maß. Schönheit.	Geistige Eigenart im Kontakt entdecken. Und dem anderen nachdenken können, weil er gesehen wird, wie er ist.	Universales Verbundensein.

Skriptbeispiele: Lass dich mit niemandem ein! Liebe niemanden! Hüte dich vor Nähe! „Männer wollen immer nur das Eine."
Somatisierungstendenzen: Nieren- und Blasensystem

Charmeur
auf einen Blick

physisch: anmachend, erotisch, Schmückli, anmutig, harmonisch, tänzerisch, elegant und unter 50 auf der Skala immer das Gegenteil: unerotisch, unattraktiv, unmodisch …

seelisch: flirtend, du-bezogen, auf Harmonie bedacht, ausgleichend, Kontakt-bezogen, charmant, höflich, zuvorkommend, diplomatisch, lächelnd, freundlich, Kunst und Schönes liebend, zärtlich, friedliebend, vermittelnd, sinnliches Aufgehen im Augenblick, kompromissbereit, Gefallsucht, eitel, geschmacklich verarmt

geistig: Schöngeist, ausgewogen urteilend, ästhetisches Empfinden, beglückende Bewunderung

spirituell: zweckfreies Aufgehen im Augenblick, selbstvergessene Hingabe, lustvolles Sich-Berauschen

Zentralbegriffe und Objekte: Erotik, persönlicher Magnetismus, Schönheit, Harmonie, innerer und äußerer Ausgleich, Anziehung, Ideenfindungsprozess, Kunstgegenstände, Modeartikel, Duftstoffe, Garderobe, Kosmetik

Berufe: rund um Mode, Kunst, Design, Gerechtigkeit, Wohlleben, Mediation, Kontaktbörsen, Diplomatendienst, Friseur, Cafébesitzer

Körper: Nieren, Blase

Frage: Wie viel Zuvorkommenheit ist sinnvoll?

Auf den Punkt gebracht: Wer im inneren Einklang mit sich selbst ist, liebt die ganze Welt.

In einem Wort: Ästhetik

Charmeur Bestandsaufnahme

Fragen zur Kontakt- und Liebesfähigkeit

Die Beantwortung dieser Fragen ermöglicht es zu begreifen, warum sich die Kompetenz so und nicht anders entwickelt hat.

> Wie war der ästhetische Sinn meiner Eltern? Ihr Interesse an Kunst?

_____

_____

_____

> Haben sie in mir einen Sinn für Kunst geweckt?
> Skala 0–100: _____
> War ihr Geschmack ausgebildet (Skala 0–100: _____),
> und haben sie mir geholfen, meinen eigenen Geschmack zu entdecken? Skala 0–100: _____
> Pflegten meine Eltern regen Kontakt und geistigen Austausch mit anderen Menschen?
> Skala 0–100: _____
> Halfen sie mir, meine eigene Gedankenwelt zu erschließen?
> Skala 0–100: _____
> Waren meine Eltern für mich ein Vorbild in Bezug auf charmantes und diplomatisches Vorgehen
> (Skala 0–100: _____), oder waren sie eher stieselig?

Bestandsaufnahme auf der Skala

Markieren Sie die Position auf der Bewusstseinsskala, die Ihr Hauptgefühl (= ungefähre Durchschnittsposition) in Kindheit, Jugend und heute widerspiegelt:

Kindheit	
Jugend	
heute	

Bewusstseinsskala® Ute Lauterbach

0	50	100
Nullinger	KippPunkt	Fullinger

Charmeur hochfahren

Fragen zur Steigerung der Kontakt- und Liebesfähigkeit

❯ Entsprechen mir meine Kontakte? Skala 0–100: _____
Wen sollte ich öfter, wen seltener treffen?

_____

_____

_____

❯ Welche Formen der Kontaktaufnahme habe ich? Wie stelle
ich Kontakt her? Will ich das erweitern, reduzieren, verän-
dern? Wie und wo könnte ich neue Kontakte knüpfen?

_____

_____

_____

❯ Wie bin ich mit meiner Erotik zufrieden?
Skala 0–100: _____ Wie lebe ich sie?

_____

117

_____

_____

> Habe ich ein schönes, geschmackvoll gestaltetes Leben?
  Skala 0–100: _____
  Ästhetik im Alltag? Skala 0–100: _____
> Ist mein Geschmack ausgebildet? Skala 0–100: _____
> Wie kann ich Hingabe und Bewunderung in meinem Leben
  fördern?

_____

_____

_____

> Wer oder was regt mich geistig an?

_____

_____

> In welcher Hinsicht könnte ich charmanter und diploma-
  tischer sein?

_____

_____

_____

**Fazit und Entscheidung: Was rät mir mein Glückspilot be-
züglich dieser Kompetenz?**

1. _____

   _____

2. _____

   _____

Charmeur und seine Lieblingsmottos

> Schönheit ist Elixier des Geistes.
> Nur wenn ich liebe, sehe ich andere wirklich.
> Und welches Motto oder welche Devise passt für Sie
>   besonders gut?

_____

_____

_____

PLANER

ERKENNEN + GERECHT WERDEN + LIEBEN

Sie zuerst!

Fantasieren und assoziieren Sie, was sich hinter diesem Namen verbergen könnte:

_____

_____

_____

_____

Dachten Sie an:

Einen Plan haben? Seinen Weg kennen? Eigenbestimmung und deshalb Täter statt Opfer sein? Dank Plan auch Kontrolle haben? Und somit Macht haben?

Wunderbar, das ist der Weg!

Planer kennenlernen

Macht hört da auf, wo Gewalt anfängt.
Laotse

Schärfen wir zunächst unsere Wahrnehmung für diese Kompetenz, indem wir sie introspektiv aufspüren.

Fühlen Sie in sich hinein, und orten Sie *Planer* so genau wie möglich.

Fragen Sie sich:
Wie fühlt es sich an, einen eigenen Weg im Leben zu haben? Herr oder Herrin meiner selbst zu sein?
Wie sehr stimmt für Sie: »Ich herrsche, also bin ich«?

Wenn Sie sich ganz präzise auf Ihr Erleben konzentrieren, dann haben Sie die Kompetenz *Planer* introspektiv geortet.

Bei der nächsten Kompetenz erfahren wir die Gegenbewegung und die Fortsetzung als besonders schmerzlich bis erschütternd: In der Konfrontation oder in der Verliebtheitsbegegnung mit dem anderen, in dem wir oft unser nicht gelebtes Eigenes lieben, merken wir indirekt, was uns fehlt. Gebot der Stunde wäre, selbst auszubilden, was wir am anderen bewundern. So könnten wir innere Harmonie finden. Allerdings haben wir in der Kindheit aus guten – in Wirklichkeit schlechten – Gründen gerade diese Fähigkeiten und Eigenschaften, mit denen uns die Bewunderten so sehr überzeugen, nicht ausgebildet. Und nun wehren wir uns aus vermeintlichem Selbsterhaltungsdrang weiterhin, diese uns fehlenden Qualitäten zu entwickeln. Wir erwarten also, dass der Partner sie haben muss, und geraten genau dadurch in einen Machtkampf mit ihm beziehungsweise ihr. In dem gleichen Ausmaß, in dem wir uns selbst abwehren und nicht leben, muss der Partner gemäß unseren Vorstellungen sein und funktionieren, so wie auch wir gezwungen sind, in das Ausgleichskonzept unseres Partners zu passen. So entstehen Machtansprüche und Erwartungsdruck.

Wir sind symbiotisch miteinander verflochten, um die Kindheitssituation zu wiederholen und letztlich zu ergänzen. Das ist die Aufforderung dieser Kompetenz: Lebe nach eigenem Plan! Entwickle, was dir fehlt! Und wenn diese Ergänzung gelingt, treten wir aus dem Machtspiel heraus.

Mit dem eigenen Plan und den eigenen Meinungen findet eine echte Transformation und tiefste Tiefenbefreiung statt. Untergründige Zwänge, das Opfer-Täter-Spiel, all das hört auf. Voraussetzung dafür ist, das Spiel der zwanghaften Symbiose zu durchschauen und bereit zu sein, eigene Programme an die Stelle der Zwangsprogramme zu setzen: also einen eigenen Weg nach eigenem Plan zu gehen. Selbstbestimmt planen anstatt fremdbestimmt funktionieren!

Da die *eigene* Vorstellung und der *eigene* Plan das beste Gegenmittel gegen Fremdbestimmung und eingefahrene Muster sind, nenne ich diese Kompetenz **Planer**. Sind wir zur Transformation nicht bereit oder nicht fähig, dann bleiben wir fixiert auf das, was früher galt. Unter fünfzig auf der Bewusstseinsskala gehören zu **Planer** die Fixierungen und der Fanatismus, das unerschütterliche Leitbild, dem alles geopfert wird und das uns selbst zerstört. Also Selbstzerstörung und Fremdzerstörung einerseits oder innere Transformation andererseits! Auf der destruktiven Seite trumpft **Planer** nicht nur mit Fremdbestimmung auf, sondern sogar mit Erpressung und Brutalität.

Weil unsere Lebensprogramme ganz unbewusst in der Kindheit installiert wurden, sind wir häufig unbereit oder unfähig, unseren eigenen Weg mutig zu gehen. Allein *der* würde jedoch eine Auflockerung fixer Vorstellungen und Zwänge bedeuten. Hierzu wäre eine Radikalität, eine Abkehr vom Bisherigen, vom Bisher-als-richtig-Geglaubten erforderlich. So ein Wandel kommt einer Metanoia gleich. **Planer** lädt zum Stirb-und-Werde-Wunder ein. Nur wenn das Alte weg ist, gibt es eine Chance für das Neue. Die leichte Diplomatie und Kompromissbereitschaft des **Charmeurs** verlieren mit **Planer** ihre Leichtigkeit.

Projektionsflächen findet **Planer** namensgerecht in allem, was mit Planung zu tun hat. Alles Untergründige, alles, was Macht- und Ohnmachts-, Täter- und Opfer-, Sadomaso-Qualitäten besitzt, eignet sich ebenfalls als Aufhänger.

Planer auf der Bewusstseinsskala differenzieren

Planer Richtung Nullinger
<u>Modell: Druck, Druck und nochmals Druck</u>
»Das muss alles fertig werden, und zwar gestern, und wenn ich das nicht schaffe, dreht mein Chef durch, und dann sitze ich auf der Straße. Das ist alles zu viel. Kann kein Mensch schaffen. Ich bin echt Opfer meiner Umstände«, sagt Andreas, »aber ich habe keine Möglichkeit, irgendetwas zu ändern. Es gibt einfach Sachzwänge.«

<u>Modell: Beziehungskrampf</u>
Susi und Bert überbieten sich gegenseitig, was ihre Erwartungen anbelangt. Susi: »Während du voll auf dem Selbstbestätigungstrip deine Tage feierst, sorge ich dafür, dass unsere Basisstation in Schuss ist. Da könntest du wenigstens mal fragen, wie mein Tag war.« Bert: »Du spinnst wohl: ›Selbstbestätigungs-

trip‹! Ich schufte wie verrückt, damit sich mein Luxusweibchen die teuerste Kosmetik leisten kann. Und dann habe ich noch nicht einmal meine Ruhe, wenn ich nach Hause komme. Ich erwarte von dir, dass du mir wenigstens im häuslichen Bereich den Rücken freihältst.« Susi: »Das tue ich ja. Ich finde nur, du könntest wenigstens mit mir S-P-R-E-C-H-E-N.« Bert: »Hör auf, mich mit deinen Erwartungen zu quälen!« Susi: »Und du kannst aufhören, mich mit deinem Desinteresse zu quälen!«

Planer Richtung Fullinger
Modell: Klare Vorstellungen

Viktor kennt sein Ziel und hat einen guten Plan, um es Schritt für Schritt zu erreichen. Unter einem Plan versteht er eine Vorgehensweise, bei der weder Zeit- noch Sachdruck entsteht. Es ist ein Plan, der auf umsetzbaren Schritten und klaren Vorstellungen fußt. Viktor genießt die Umsetzung, und wenn es Sperrigkeiten gibt, denkt er sofort von der Metaebene aus darüber nach, wie sich sein Plan modifizieren ließe. Er ist Stratege und nicht Rödelesel. Anders formuliert: Er ist Täter und nicht Opfer – weder von anderen noch von eigenen Mustern.

Die Lösung

erfordert Neubesinnung durch klare Vorstellungen. Also:

Vom Druck zum	→ eigenen Plan und zur eigenen Vorstellung
Von der Fremdbestimmung zur	→ Eigenbestimmung
Vom Opfer zum	→ Tätigen
Von der Ohnmacht zur	→ Ermächtigung
Vom Lebensmuster zum	→ eigenen Programm und Lebensweg

Über die Bewusstseinsskala bewegt sich **Planer** so:

Planer: Planungsvermögen auf der Bewusstseinsskala
vom Nullinger zum Fullinger

Bewusstseinsskala © Ute Lauterbach

Nullinger	Übergang	neutrale Mitte	Übergang	Fullinger
0		50		100
Null Plan. Null eigene Vorstellung. Kein eigener Weg.	Mehr oder weniger Fremdbestimmung durch andere oder eigene Muster.	Eigenbestimmung ist möglich. Eigener Weg und Plan.	Eigene Konzepte und eigene Meinungen erweitern das Planungsvermögen.	Eigen-Plan als All-Plan.
Null Beziehung.	Fanatismus. Druck. Zwang. Manipulation. (Leid → Transformation). Maso-Sado. Opfer. Täter. Leiden-schaft. Stirb und ...	... werde. Meinungsbildungsprozess in Flexibilität möglich.	Beziehungsfähig-keit auf höherer, weil unverstrickter Ebene.	Ohne Deutungen und ohne Fatalismus aufs Leben antworten. „Kosmische Symbiose."

Skriptbeispiele: Sei folgsam, oder du kommst um! Indirekt: fanatisches Familienklima
Somatisierungstendenzen: Krämpfe, Unterleib, Sexualorgane

125

Planer
auf einen Blick

physisch: bedrängend
seelisch: den eigenen Weg planend,
Eigenmacht, selbstbestimmt, beziehungsfähig, leidenschaftlich,
radikal, manipulativ, fremdbestimmend
geistig: klare Vorstellungen, eigene Konzepte, gefestigte, eigene Meinungen, Planungsvermögen
spirituell: Transformation, Kundalini, Verwandlung unter anderem durch Leid, Stirb-und-Werde-Prinzip
Zentralbegriffe und Objekte: Transformation ausgelöst durch Fremdbestimmung oder die radikale Umsetzung des eigenen Wegs, tief sitzende Muster, Skriptbotschaften, Meinungsbildungsprozess, Dogmen, Druck, Fanatismus, Fesseln, Gewalt, Schlange, Macht, Ohnmacht, Täter/Opfer
Berufe: rund um Hypnose, Therapie, Chefpositionen, Machthaber, Guru, Untergrundkämpfer, Totengräber, Spion, Heilpraktiker
Körper: Sexualorgane, Regenerationskraft
Frage: Wie süß ist Rache wirklich?
Auf den Punkt gebracht: Leid als Fegefeuer der Transformation
In einem Wort: Gestaltwandelndes

Planer Bestandsaufnahme

Fragen zum Planungsvermögen

Die Beantwortung dieser Fragen ermöglicht es zu begreifen, warum sich die Kompetenz so und nicht anders entwickelt hat.

> Wie waren die Machtverhältnisse in meiner Familie? Hatte jemand die Pantoffeln an und wurde jemand anderes unterdrückt oder manipuliert?

_____

_____

_____

> Konnte ich in meiner Familie meine Meinung ungehindert zum Ausdruck bringen?
> Skala 0–100: _____
> War das geistige Klima in meiner Familie so, dass Gedanken zu Ende gedacht wurden (Skala 0–100: _____), oder gab es entweder fanatische Kurzsichtigkeit oder unreflektierte Dumpfheit? Skala 0–100: _____
> Klammerten sich einzelne Familienmitglieder übermäßig an andere? Wer an wen?

_____

_____

_____

> Gab es seelische oder andere Erpressungen und Gewaltanwendungen, auch Selbstmorde, in meiner Sippe?

_____

_____

_____

Bestandsaufnahme auf der Skala
Markieren Sie die Position auf der Bewusstseinsskala, die Ihr Hauptgefühl (= ungefähre Durchschnittsposition) in Kindheit, Jugend und heute widerspiegelt:

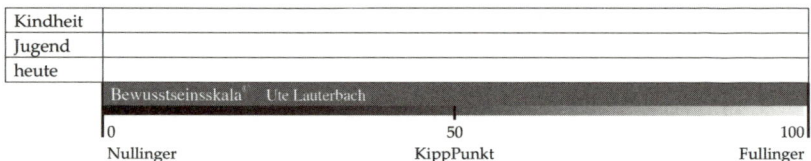

Kindheit	
Jugend	
heute	

0	50	100
Nullinger	KippPunkt	Fullinger

Planer hochfahren

Fragen zur Steigerung des Planungsvermögens
> In welcher Hinsicht bin ich fremdbestimmt?

_____

_____

_____

❯ Wo stehe ich unter Erwartungsdruck?

_____

_____

_____

❯ Gehe ich meinen Weg? Skala 0–100: _____
Habe ich klare Vorstellungen von dem, was ich will?
Skala 0–100: _____

❯ Habe ich Angst vor Kontrollverlust? Wenn ja: Wie könnte ich mir bessere Übersicht verschaffen beziehungsweise mehr Vertrauen entwickeln?

_____

_____

_____

❯ Wie könnte ich, falls vorhanden, symbiotische Tendenzen durch mehr Autonomie ersetzen?

_____

_____

_____

> Wie lebte ich, wenn ich völlig eigenbestimmt wäre?

_____

_____

_____

Fazit und Entscheidung: Was rät mir mein Glückspilot bezüglich dieser Kompetenz?

1. _____

_____

2. _____

_____

Planer und seine Lieblingsmottos

> Klare Vorstellung, klarer Weg!
> Wer sich aufopfert, braucht ein neues Leitbild.
> Und welches Motto oder welche Devise passt für Sie besonders gut?

_____

_____

_____

GLOBAL PLAYER

ERKENNEN + GERECHT WERDEN + LIEBEN

Sie zuerst!

Fantasieren und assoziieren Sie, was sich hinter diesem Namen verbergen könnte:

Dachten Sie an:

Großes, ferne Welten, Import, Export? An weltweite Entwicklung? An Weite, Weiterbildung, an weite Horizonte, an Philosophie, Sinn? An Toleranz, Weitherzigkeit, Optimismus, Humor? An Überdimensionales?

Auch wenn Sie nicht daran dachten, können Sie sich einfach trotzdem freuen. Jedenfalls ist das die Meinung vom **Global Player**.

Global Player kennenlernen

Es muss im Leben mehr als alles geben.
Maurice Sendak

Schärfen wir zunächst unsere Wahrnehmung für diese Kompetenz, indem wir sie introspektiv aufspüren.

Fühlen Sie in sich hinein, und orten Sie *Global Player* so genau wie möglich.

Fragen Sie sich:
Wie fühlt es sich an, wenn ich etwas als sinnvoll erlebe, wie wenn ich wachse und mich nach dem Sinnvollen strecke? Wie erlebe ich Sinn?
Wie sehr stimmt für Sie: »Ich wachse, also bin ich«?

Wenn Sie sich ganz präzise auf Ihr Erleben konzentrieren, dann haben Sie die Kompetenz *Global Player* introspektiv geortet.

Die nächste Kompetenz führt aus der Leiderfahrung hinaus und wirft uns auf die Sinnfrage. Wie kann ich mein Leben nicht zweckvoll und nützlich oder respektabel oder lukrativ, sondern sinnvoll gestalten? Wie kann ich wirklich wachsen? Aus dem engen Leidkorsett von **Planer** aussteigen und zu einer neuen Weite, Wachstumsweite finden. So heißt die Kompetenz **Global Player**. Ich hätte sie auch *Mental Player* nennen können, denn alle großen Entwürfe, Konzepte und weltumspannenden Philosophien gefallen dieser Kompetenz.

Für die Partnerschaft bedeutet das: sie weiterzuentwickeln

und auszudifferenzieren, alte Machtkämpfe aufzugeben und neue Räume zu erschließen. Dieses innere Wachstum orientiert sich auch an der höheren Bildung. (Der geistige Bereich ist immer noch Thema.) Mit **Wissbegier** haben wir das Basisrüstzeug: lesen, schreiben, rechnen errungen, und jetzt geht es darum, mit diesem Rüstzeug kompliziertere, höhere Räume zu sichten. Deshalb wird **Global Player** die Philosophie, die Bildung einer Weltanschauung und die Religion zugeordnet. **Global Players** Domäne sind die Geisteswissenschaften, denn sie sind eher dazu angetan, den Menschen zu sich selbst zu führen, ihn immer wieder mit sich in Einklang zu bringen. Religion – religio: die Rückbindung – an sich selbst. Mit der Suche nach Sinn streben wir automatisch über uns hinaus. Wir lassen uns tragen von dem, was uns wirklich in der Welt, im Leben, in der Partnerschaft voranbringt. Alles andere wird unbedeutend. Das Detail, die Kleinigkeiten und Kleinlichkeiten des Alltags versinken. Weitblick entsteht. Auch ein gewisses Desinteresse am Kleinen. Und das wiederum kann uns sehr tolerant machen. Es fällt leicht, alles zu verstehen und alles zu verzeihen, weil wir im Sinnstreben gar nicht in Details verstrickt sind. Für die Kompetenz **Global Player** ist Freiheit selbstverständlich.

Auf einer anderen Ebene zeigt sich dieses Streben nach Weite, auch in einem Streben hinaus in die weite Welt: andere Menschen, andere Länder, andere Kulturen kennenlernen, sich auf der ganzen Welt zu Hause fühlen, Weltenbürger sein. **Global Player** lässt uns ins Große, Großartige, ins Überdimensionierte streben.

In der großen Wirtschaft zu arbeiten eignet sich als **Projektionsfläche**: sich zum Beispiel mit Import und Export, mit Diplomatendienst, mit Instituten höherer Bildung zu identifizieren. Mit **Global Player** verspüren wir den Drang zum Ganzen, Ganzheitlichen, zum Heilen. Deshalb bieten Philosophie und Psychotherapie gute Projektionsflächen.

Krankheit und Partnerschaft werden im Gesamtzusammenhang gesehen. Alles wird nur vom großen An-und-für-Sich und Überhaupt-her betrachtet. Natürlich fällt es dieser Kompetenz leicht, große Pläne und Projekte ins Auge zu fassen, den großen Wurf und den großen Entwurf zu gestalten oder zu realisieren. Bei **Global Player** ist alles üppig, ist alles Fülle. So ist es kein Wunder, dass auch der Luxus hierher gehört und – im ungünstigen Fall – die Leibesfülle. Nur nicht einengen, über alles hinaus, das ist die Devise.

Global Player auf der Bewusstseinsskala differenzieren

Global Player Richtung Nullinger
Modell: Großkotz

John ist so reich, dass er gar nicht mehr weiß und zählt, was ihm alles gehört. Er lebt in dem Gefühl, die ganze Welt kaufen zu können. Und so führt er sich auch auf. Naheliegenderweise gewinnt er so keine wirklichen Freunde, ist schließlich erschlagen vom Zuviel und strandet im Gefühl äußerster Sinnlosigkeit.

Global Player Richtung Fullinger
Modell: Der Sinn überhöht die Mittel

Susanne hat ihren Job gekündigt, weil er ihr nicht mehr sinnvoll erschien. Sie ist weder mit dem Mittelmäßigen noch mit dem rein Nützlichen zufrieden. Sie strebt nach dem Bestmöglichen, nach Seinsfülle. Diese innere Haltung strahlt sie aus. Ihr Optimismus ist beinahe schon eine Art Magnet. Sie zieht fast immer gute Umstände an. Ihr Glas ist weder halb voll noch halb leer, sondern einfach voll.

Global Player: Sinnstreben auf der Bewusstseinsskala vom Nullinger zum Fullinger

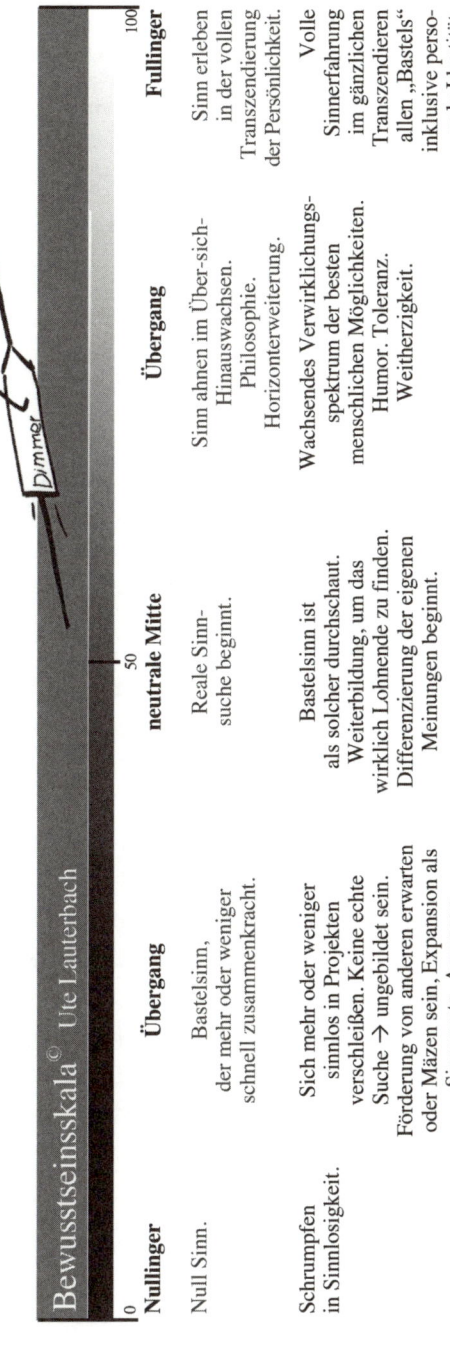

Bewusstseinsskala © Ute Lauterbach

Nullinger	**Übergang**	**neutrale Mitte**	**Übergang**	**Fullinger**
Null Sinn.	Bastelsinn, der mehr oder weniger schnell zusammenkracht.	Reale Sinn-suche beginnt.	Sinn ahnen im Über-sich-Hinauswachsen. Philosophie. Horizonterweiterung.	Sinn erleben in der vollen Transzendierung der Persönlichkeit.
Schrumpfen in Sinnlosigkeit.	Sich mehr oder weniger sinnlos in Projekten verschleißen. Keine echte Suche → ungebildet sein. Förderung von anderen erwarten oder Mäzen sein, Expansion als Sinnersatz. Arroganz.	Bastelsinn ist als solcher durchschaut. Weiterbildung, um das wirklich Lohnende zu finden. Differenzierung der eigenen Meinungen beginnt.	Wachsendes Verwirklichungs-spektrum der besten menschlichen Möglichkeiten. Humor. Toleranz. Weitherzigkeit.	Volle Sinnerfahrung im gänzlichen Transzendieren allen „Bastels" inklusive perso-nale Identität.

Skriptbeispiele: Sei immer streng katholisch! „Das Leben ist kein Zuckerschlecken!"
Somatisierungstendenzen: Leber, Hüfte

Die Lösung

gelingt, wenn wir uns an der Kraft innerer und äußerer Fülle orientieren:

Vom Sinnlosen   → zum Sinnvollen

Vom Kleinen   → zum Großen

Von der Enge   → zur Weite

Von der Intoleranz   → zur Toleranz

Und jetzt der Blick auf die **Global Player**-Skala auf Seite 135.

Global Player
auf einen Blick

physisch: ausladend, Grandezza

seelisch: weitherzig, humorvoll, sinnerfüllt, Fernweh, Daseinsfreude, höherer Mut, großspurig

geistig: optimistisch, philosophisch, weise, tolerant, begeisterungsfähig

spirituell: Lachmeditation, echtes Wachstum durch Ausrichtung auf philosophische »Wahrheit«

Zentralbegriffe und Objekte: Sinngebendes, Fülle, Wachstumsimpuls nach innen wie nach außen, Sinnfindungsprozess, Luxusgüter, Gestüt, Golf, Schloss

Berufe: Gutsherr, Lord, Philosophie, alles rund um die höhere Bildung, Import-Export, World Wide Web, Ethik, Expansion, Mäzen, Günstling, Religion, Wohlstand

Körper: Leber, Hüfte

Frage: Wie viel weniger ist mehr?

Auf den Punkt gebracht: Nur nicht einengen, über alles hinaus – das ist die Devise.

In einem Wort: Wachstumsimpuls

Global Player Bestandsaufnahme

Fragen zum Sinnstreben

Die Beantwortung dieser Fragen ermöglicht es zu begreifen, warum sich die Kompetenz so und nicht anders entwickelt hat.

> Waren meine Eltern tolerant? Skala 0–100: _____

> Hatten meine Eltern weltanschauliche Interessen, die über den konservativen Rahmen hinausgingen, und erlaubten sie auch mir geistigen Weitblick? Skala 0–100: _____

> Könnte ich meine Eltern irgendwo zwischen Bildungsdünkel und echter Horizonterweiterung einordnen?
Skala 0–100: _____

> War meine Ursprungsfamilie reiselustig?
Skala 0–100: _____

> Wurden partnerschaftliche Probleme konstruktiv ausdiskutiert und wurden neue Wege experimentierfreudig ausprobiert? Skala 0–100: _____

Bestandsaufnahme auf der Skala

Markieren Sie die Position auf der Bewusstseinsskala, die Ihr Hauptgefühl (= ungefähre Durchschnittsposition) in Kindheit, Jugend und heute widerspiegelt:

Kindheit	
Jugend	
heute	

Bewusstseinsskala© Ute Lauterbach

| 0 | 50 | 100 |
| Nullinger | KippPunkt | Fullinger |

Global Player hochfahren

Fragen zur Steigerung des Sinnstrebens

> Was ist für mich sinnvoll? Wie kann ich mein Leben noch sinnvoller gestalten?

_____

_____

> Wie kann ich meinen Horizont erweitern?

_____

_____

> In welcher Hinsicht sollte ich neuen Wind in meine Partnerschaften bringen?

_____

_____

> Hinterfrage ich meine Weltanschauung oft genug?
> Skala 0–100: _____

> Wem oder was gegenüber bin ich intolerant? Welche nicht gelebten eigenen Persönlichkeitsanteile verbergen sich hinter meiner Intoleranz? Wie könnte ich sie nachreifen lassen?

_____

_____

Fazit und Entscheidung: Was rät mir mein Glückspilot bezüglich dieser Kompetenz?

1. _____

_____

2. _____

_____

Global Player und seine Lieblingsmottos

> Think big!
> Selbsterhaltung ist nur durch Selbststeigerung möglich.
> Und welches Motto oder welche Devise passt für Sie besonders gut?

_____

_____

_____

STREBER

ERKENNEN + GERECHT WERDEN + LIEBEN

Sie zuerst!

Fantasieren und assoziieren Sie, was sich hinter diesem Namen verbergen könnte:

_____

_____

_____

_____

Dachten Sie an:

Streben, Klettern, Hochkommen, Ehrgeiz, Anstrengung, Ziel, Ausdauer, Autorität, Ansehen, Status, gesellschaftliche Stellung, Regeln, Gesetze, Über-Ich, Normen, Hemmung, Blockade, Grenze? An eine Strebe im Sinne von »Stützpfeiler«? Aufrechtes und Geradlinigkeit? Alles richtig!

Streber kennenlernen

> *Dem wird befohlen, der sich*
> *nicht selber gehorchen kann.*
> Friedrich Nietzsche

Schärfen wir zunächst unsere Wahrnehmung für diese Kompetenz, indem wir sie introspektiv aufspüren.

Fühlen Sie in sich hinein, und orten Sie *Streber* so genau wie möglich.

Fragen Sie sich:
Wie erlebe ich meine eigenen Rechte? Wie fühlt es sich an, Autorität zu haben und Verantwortung zu übernehmen?
Wie sehr stimmt für Sie: »Ich strebe, also bin ich«?

Wenn Sie sich ganz präzise auf Ihr Erleben konzentrieren, dann haben Sie die Kompetenz *Streber* introspektiv geortet.

Die nächste Kompetenz gebietet dem ausufernden **Global Player** deutlich Einhalt. Wir treten in den letzten, den überpersönlichen Bereich ein. Hier haben wir es mit Belangen zu tun, die über die eigene Person hinausgehen, auch über die Partnerschaft. Jetzt dreht es sich um die Gesellschaft, um alle Menschen und darum, dass alle Menschen miteinander leben können. Dafür sorgt die nun zu betrachtende Kompetenz: Es werden feste Regeln und Normen aufgestellt, um das Miteinander zu strukturieren. Normen, Gesetze und Regeln sind einerseits Hilfe und andererseits Behinderung. Hilfe sind sie in dem Maße, in dem wir sie wirklich brauchen, um gemeinsam als Kollektiv funktionieren zu können. Man denke nur an die Verkehrsregeln! Welch ein Chaos ohne sie! Eine Behinderung sind sie, wenn sie veraltet sind, wenn sie Dinge verabsolutieren und zur Norm erheben, die dem Leben entgegengesetzt sind. Oder wenn sie dem Einzelnen nicht mehr gerecht werden können, weil das Kollektiv, die Gesellschaft, die Tradition überwertig geworden sind.

Die Gegenbewegung zu **Global Player** ist sofort einsichtig. Jetzt engen uns Verbotsschilder und Blockaden ein. Wir fühlen uns gehemmt, egal ob die Blockade von innen oder von außen kommt. Wir sind konfrontiert mit Autoritätspersonen, die entweder wirklich Verantwortung übernommen haben und den Ernst und die Eigentlichkeit des Lebens fördern oder die sich pseudowichtig oder bürokratisch aufblähen. Im Ersteren liegt realer Halt, im Zweiten wirklich nur sinnlose Einschränkung. Der Mensch stößt an Grenzen.

Am fundamentalsten ist die Grenze des eigenen Todes, die Vergänglichkeit. Man kann nicht immer in die Weite und über sich hinaus. Das Leben wird kleiner und enger mit den Mühen des Alterns … »und ist zuletzt auch nichts geblieben als ein dunkler Punkt«, wie Hebbel sagt. Eine Grenze, vor der wir alle stehen, mit der wir alle leben und die wir mehr oder weniger verdrängen. Aber gerade durch das Verstehen der eigenen Sterblichkeit, durch das innerliche Vorlaufen zum Tod, entsteht in unserem Bewusstsein das Recht auf unser Leben. Wenn wir doch sterblich sind, wenn wir doch alles verlassen müssen, hat es dann einen Sinn, sein Leben in eitlem Streben nach Anerkennung zu verheizen oder es unbedeutenden Ansprüchen und sinnlosen Idealen zu opfern – hat das wirklich einen Sinn? Durch das Wissen um die eigene Sterblichkeit erwächst uns der Mut zum Leben. Und hier zeigt sich die heimliche Fortführung des **Global-Player**-Prinzips. Gerade dadurch, dass wir gegen die Realität stoßen, wird die Sinnfrage präzisiert und erhält Profil.

Die beste Umsetzung dieses Prinzips gelingt, wenn wir das natürliche Recht auf unser Leben und unsere Lebendigkeit spüren und aus diesem Rechtsgefühl heraus die Verantwortung für unser Leben, für alles, was wir tun und lassen, übernehmen. In der reifen Übernahme von Verantwortung liegt eine ungeheure Kraft: Wer die Verantwortung übernimmt, antwortet auf das Leben, geht aus der Kindrolle heraus und ist wirklich erwachsen. Das ist der Startschuss für Entfaltung und weitere Bewusstwerdung. Wer sich nicht dem Leben stellt, dem bleiben Räume verschlossen. Der Bewusstwerdungsprozess gelingt nur durch die Übernahme von Verantwortung. Wer sich nicht mehr unter Normen und Gesetze duckt, lässt sich von allen Grenzen anstoßen, anstatt gegen sie zu stoßen. Jede Grenze ist ein Anstoß zur Eigenverantwortung.

Je nach Position auf der Bewusstseinsskala zeigt sich **Streber** als Struktur, Klarheit, Stabilität, Konzentration, Disziplin, Ernsthaftigkeit, Eigentlichkeit oder unter fünfzig als Blockade, Strenge, Behinderung, Schicksal, Angst, Schuldgefühl, einengende Normen, Maßstäbe und Moralvorstellungen.

Als **Projektionsfläche** eignet sich jede Position des Amt- und Würdenträgers oder Arbeiten im bürokratischen Apparat; alles, was mit Recht und Rechtsprechung zu tun hat, auch Beerdigungsunternehmen gehören hierher. Jeder Beruf, in dem wir als Elternrollenspieler auftreten und als solche wichtig sind oder uns wichtig machen, untersteht dieser Kompetenz. Sie ist auf dem Plan, wo immer sich Autoritäten zeigen. Berufe, in denen es auf Ausdauer, Disziplin, Zähigkeit, Ehrgeiz, hohe Ziele und unermüdliches Streben ankommt, geben dieser Kompetenz den Namen **Streber**.

Streber auf der Bewusstseinsskala differenzieren

Streber auf dem Weg zum Nullinger
Modell: Kindrollenspieler
Susi hat keine Ziele, traut sich nichts und muss immer erst fragen. Sie hat ständig Angst, alles falsch zu machen. Braucht auch als Erwachsene quasi noch die Erlaubnis, auf die Toilette gehen zu dürfen. Verantwortung für sich, andere oder eine Sache zu übernehmen ist ihr zu riskant. Sie fühlt sich ständig schuldig und macht andere für ihr Leben verantwortlich.

Modell: Korinthenkacker
Achim kennt die Regeln, und er will alles immer richtig machen. Der kleinste Fehler löst starke Schuldgefühle bei ihm aus. Er sucht dann nach Rechtfertigungen und peinigt sich (und andere) mit äußerster Strenge. Er kann sich weder gehen- noch fallenlassen. Hingabe an das Schöne, an andere, an das Leben ist ihm ebenfalls fremd. Er ist gestrenger und überkorrekter Sachbearbeiter auf einem Amt. Die beste Erfindung ist aus seiner Sicht die Stechuhr.

Streber Richtung Fullinger
Modell: Erfolgreiche Autorität
Georg übernimmt die Verantwortung für sich und seine Aufgaben. Er liebt Struktur, denn die spart Umwege. Er wird sehr geschätzt, weil er durch seine Tüchtigkeit eine natürliche Autorität ausstrahlt. Auf ihn ist Verlass. Er liebt das Einfache und ist eher bedürfnislos. Das erlebt er jedoch nicht als Mangel, sondern als Freiheit.

Streber: Verantwortungsfähigkeit auf der Bewusstseinsskala
vom Nullinger zum Fullinger

Bewusstseinsskala© Ute Lauterbach

Nullinger	Übergang	neutrale Mitte	Übergang	Fullinger
0		50		100
Null Rechtsgefühl. Null Verantwortung.	Sich vor Verantwortung drücken → Kindrollenspieler. Verantwortung mit angemaßter Autorität an sich reißen → Elternrollenspieler.	Übernahme fähigkeitsorientierter Verantwortung. Reale Autorität.	Kraft durch die Übernahme von Verantwortung nimmt zu. Neue Ziele und Werte erkennen. Keine Gefolgschaft.	Verantwortung als volles Antworten auf das Leben.
Schuldgefühl sein.	Im Gehorsam ersticken. Sich als Oberpatriarch oder Moraltante aufspielen. Andere hemmen. Grenzen schmerzlich erleben – innere und äußere. Tod. Schicksal. Erzwungene Anerkennung. Anstrengung.	Reales Rechtsbewusstsein stellt sich ein. Eigene Maßstäbe sind möglich. → Klarheit, Konzentration, Struktur.	Schicksalsgesetze immer klarer durchschauen und in diesem Bewusstseinsprozess wirkliche Prioritäten erkennen. Echte Anerkennung.	Eins sein mit der strukturellen Ausrichtung des Universums.

Skriptbeispiele: Sei perfekt! „Das tut man nicht!" Alles, was zur Über-ich-Bildung beiträgt.
Somatisierungstendenzen: Knochen, Zähne, Nägel, Haare, Knie

Die Lösung

braucht die Bewusstwerdung der eigenen Rechte, um in die Kraft zu kommen:

Vom Schuldgefühl	→ zur Verantwortung
Von der Hemmung	→ zum Ziel
Von der Normopathie	→ zum eigenen Maßstab
Vom Unklaren	→ zur guten Struktur

Die Lösungsrichtung aller Facetten von **Streber** können Sie auf der Bewusstseinsskala auf Seite 145 sehen.

Streber auf einen Blick

physisch: ausdauernd, stählerne Muskulatur, schlank, ausgezehrt, dürr

seelisch: strebsam, ehrgeizig, leistungsorientiert, pflicht- und verantwortungsbewusst, zielstrebig, ordnungsliebend, autoritär, hart mit sich und anderen, streng, ernsthaft, norm-bewusst, konsequent, diszipliniert, gehemmt, karg, blockiert, autoritätsgläubig, furchtsam, sich schuldig fühlend

geistig: klar, konzentriert, tief, strukturiert, gründlich, realistisch und präzise denkend, engstirnig

spirituell: Bewusstwerdungsprozess, Rüstung ablegen, existenzielles Gewissen

Zentralbegriffe und Objekte: Grenzsetzendes, Schicksal, Zwangslauf, Tatsachen, Gesetze des Lebens (Kausalität), Beschränkung, Blockade, Normen, Schuld, Strafe, Hemmung, Dürre, Über-Ich, Werte, Bewährtes, Hartes, Gesetze, Titel, Orden, Antiquitäten

Berufe: Ordnungshüter, Aufpasser, Beamte, Autoritäten, Amt- und Würdenträger, Polizei, Richter
Körper: Skelett, Zähne, Nägel, Haare, Knie
Frage: Wer lebt jenseits vom »man«, das alles vorgibt?
Auf den Punkt gebracht: Durch das Bewusstmachen der eigenen Rechte und Maßstäbe zur natürlichen Autorität werden
In einem Wort: Grenzsetzendes

Streber Bestandsaufnahme

Fragen zum Verantwortungsbewusstsein

Die Beantwortung dieser Fragen ermöglicht es zu begreifen, warum sich die Kompetenz so und nicht anders entwickelt hat.

> In welcher Hinsicht waren meine Eltern gehemmt und blockiert?

_____

_____

> In welcher Hinsicht haben sie mich blockiert?

_____

_____

> Gelang es meinen Eltern, Schuldgefühle aufzulösen?
> Skala 0–100: _____
> Haben sie mir Schuldgefühle bereitet?
> Skala 0–100: _____

> Haben sich meine Eltern leicht für ihre und meine Rechte einsetzen können? Skala 0–100: _____

> Haben sie mein Rechtsbewusstsein gefördert (Skala 0–100: _____) oder eher beschränkt?

> Sind meine Eltern eher Kind- oder Elternrollenspieler, das heißt, haben sie Verantwortung übernommen (Skala 0–100: _____) oder eher abgeschoben?

> Haben meine Eltern eigene Ziele verfolgt? Skala 0–100: _____

Bestandsaufnahme auf der Skala

Markieren Sie die Position auf der Bewusstseinsskala, die Ihr Hauptgefühl (= ungefähre Durchschnittsposition) in Kindheit, Jugend und heute widerspiegelt:

Kindheit	
Jugend	
heute	

Bewusstseinsskala®   Ute Lauterbach

| 0 | 50 | 100 |
| Nullinger | KippPunkt | Fullinger |

Streber hochfahren

Fragen zur Steigerung des Verantwortungsbewusstseins
> In welchen Lebensbereichen kann ich Pflichten durch Rechte ersetzen?

_____

_____

❯ Welche Verantwortungsbereiche könnte ich bewusst übernehmen

_____

_____

❯ Was sind meine Lebensziele (ganz real)?

_____

_____

❯ Wo fühle ich mich blockiert und eingeengt? Mit welchen konkreten Schritten könnte ich Blockaden auflösen?

_____

_____

❯ Welche Maßstäbe halten mich in Schach? Wie sähe mein Leben mit anderen Maßstäben aus?

_____

_____

❯ Wie sähe mein Leben jenseits meiner Grenzen aus? Was löst die Vorstellung eines solchen Lebens in mir aus?

_____

_____

> Stelle ich mich meinen Grenzen, oder erfinde ich Erklärungen? Skala 0–100: _____
> Merke ich, wenn ich mit Erklärungen konkrete Handlungsschritte verhindere?

_____

_____

_____

Fazit und Entscheidung: Was rät mir mein Glückspilot bezüglich dieser Kompetenz?

1. _____

_____

2. _____

_____

Streber und seine Lieblingsmottos

> Ein gesundes Rechtsbewusstsein beseitigt Blockaden!
> Schicksal durch Bewusstheit leichter meistern!
> Und welches Motto oder welche Devise passt für Sie besonders gut?

_____

_____

SPINNER

ERKENNEN + GERECHT WERDEN + LIEBEN

Sie zuerst!

Fantasieren und assoziieren Sie, was sich hinter diesem Namen verbergen könnte:

_____

_____

_____

_____

Dachten Sie an:

Alles, was aus der Norm springt? An schlagartige Befreiung? An das Plötzliche, das Umschwungbewirkende? Revolution, Umbruch, Neuanfang? An Quatsch machen? An den Spaßvogel, den komischen Kauz? An alles Schockierende? Schockfarben?

Spinner ist das egal, ob Sie das alles gedacht haben oder nicht. Hauptsache ist, dass Sie Ihre Intuition auf Sendung bringen.

Spinner kennenlernen

Gesellschaftliche Veränderung fängt immer
mit Außenseitern an, die spüren, was notwendig ist.
Robert Jungk

Schärfen wir zunächst unsere Wahrnehmung für diese Kompetenz, indem wir sie introspektiv aufspüren.

Fühlen Sie in sich hinein, und orten Sie *Spinner* so genau wie möglich.

Fragen Sie sich:
Wie erlebe ich meine Freiheit? Wie fühlt es sich an, spontan und gut verrückt zu sein?
Wie sehr stimmt für Sie: »Ich spinne, also bin ich«?

Wenn Sie sich ganz präzise auf Ihr Erleben konzentrieren, dann haben Sie die Kompetenz *Spinner* introspektiv geortet.

Mit der nächsten Kompetenz setzt eine totale Gegenbewegung zu **Streber** ein. Dennoch findet auch eine Fortführung des vorherigen Prinzips statt. Und zwar im Sinne der Übernahme von Verantwortung und im Sinne der Rechtsfindung. Der Bewusstwerdungsprozess wird nun fortgeführt, indem das Brauchbare vom Nichtbrauchbaren geschieden wird. Alles, was in einem lebenswidrigen Sinne einengt, ist nicht mehr zeitgemäß, und genau dagegen begehrt **Spinner**, so heißt die Kompetenz, auf. Kein Wunder, dass Revolution, Revolte und Trotzigsein Pulsschlag dieses Prinzips sind. Ebenfalls die Emanzipation: sich von etwas emanzipieren, was nicht mehr passt. Es geht um die Emanzipation der Frau vom Mann, des Mannes von der Frau, der Eltern von den Kindern, der Kinder von den Eltern, sich emanzipieren von der Kirche, von der Gesellschaft, von der Vergangenheit, sich von der Zukunft emanzipieren, sich von Leistungsansprüchen emanzipieren. Es geht darum, seine eigene Individualität eigenwillig zum Maßstab zu machen, also Individuum zu werden. Und das wirkt in den gesellschaftlichen Prozess hinein. Denn **Spinner** wendet sich gegen alles, was von **Streber** zu lange hochgehalten wird: wie überholte Tradition, Normen, Gesetze usw.

Spinner will aus Norm und Hergebrachtem herausspringen. Wenn er zu lange unter der Knute des Einengenden gestanden hat, verschafft er sich mitunter gewaltsam Luft: über Unfälle, Nervenzusammenbrüche, Kurzschlusshandlungen. Wie immer ist das letzte Ziel das Heraustreten aus dem, was nicht mehr stimmt, und das Hinfinden zu dem, was wir eigentlich sind: nämlich frei. Mit dieser Freiheit will **Spinner** ernst machen, auch wenn es Revolution bedeutet. Und da wir im überpersönlichen Lebensbereich sind, ist auch die Freiheit von anderer Qualität. Hier geht es nicht nur um die persönliche Freiheit, sondern darum, dass alle Menschen gleichermaßen frei und gleichberechtigt sind, dass sie nebeneinander stehen, jenseits von persönlichen, egoistischen oder egozentrischen Belangen.

Totale Individuation widerspricht nicht einem gleichwertigen, gleichberechtigten, gleichheitlichen Nebeneinander-Stehen. Wer ganz und gar Individuum, ganz und gar eigenwillig geworden ist, lässt sich nicht mehr einschränken und behindern, sondern ist geöffnet für Geistesblitze, Intuition, Originalität, Spontaneität und Einfälle, die dem Kollektiv zugutekommen. Individuation und Gemeinschaft reichen sich gleichsam die Hand, weil das eigenwillige Individuum Träger/-in von außerpersönlichen Prozessen ist.

Als **Projektionsfläche** taugt alles, was mit Freiheit und Befreiung zu tun hat, alles, was den Ausbruch aus der Norm kennzeichnet, alles Neue, alles Hypermoderne, alles, was auf die Zukunft gerichtet ist, alles, was der Zeit voraus ist, alles Verrückte; also zum Beispiel auch alle Karnevalsartikel sind ein brauchbarer Projektionsaufhänger für **Spinner**.

Spinner auf der Bewusstseinsskala differenzieren

Spinner Richtung Nullinger
Modell: Stress ohne Ende
Nee, nix guter Stress. Scheiß Stress. Swen kurz vorm Nervenzusammenbruch. Goldmedaille fürs Abhetzen. Silbermedaille für nix Voranbringen im Abhetzen. Bronze für alle anderen nerven und in Hektik versetzen. Keine Medaille für Freizeit. Swen kennt keine Freizeit, und vor lauter Stress sind ihm »Muße« und »Freiheit« zu Fremdwörtern geworden. Swen hat zwar einen klaren Plan, also am Planer liegt es nicht, aber es fehlt ihm schlicht die Zeit für die Umsetzung seiner Pläne.

Modell: Trotzkopf
Sabine hat eine eindeutige Richtung: grundsätzlich dagegen! Damit nervt sie nicht nur andere, sondern verpasst leider auch ihr eigenes Ding.

Spinner Richtung Fullinger
Modell: Querdenker
Guido ist ein genialer Querdenker und kommt auf Ideen, die Entwicklungsprozesse echt voranbringen. Er ist kein destruktiver, sondern ein konstruktiver Revolutionär und Erfinder. Er genießt die Freiheit des Geistes und die Unabhängigkeit vom

Spinner: Befreiungsvermögen auf der Bewusstseinsskala
vom Nullinger zum Fullinger

Bewusstseinsskala© Ute Lauterbach				
Nullinger	**Übergang**	**neutrale Mitte**	**Übergang**	**Fullinger**
0		50		100
Null Freiheit	Ersatzfreiheit. Trotz. Provokation. Irritation.	Freiheitsfähigkeit.	Eigen-Sinn und Freiheit wachsen.	Befreitheit. Freiseligkeit.
Innerlich und äußerlich ganz unfrei.	„Befreiungsschläge" wie: Nervenzusammenbrüche, Unfälle, Störungen, Stress, Geschwindigkeitsrausch, Demos.	Integration als Befreiung von Altlast führt zur Freiheit, Potenzial einzusetzen.	Freiheit wird für kollektive Befreiungs- und Emanzipationsprozesse genutzt. Individuation schreitet voran. Einfallsreichtum. Originalität. Flashmob.	Ganz freier Kopf. = Genialität.

Skriptbeispiele: Werde verrückt! Sei unfrei!
Somatisierungstendenzen: Nervensystem, Waden, Burnout, Tinnitus

Urteil anderer. Er nervt nicht, sondern er inspiriert und hat
Freunde.

Die Lösung
gelingt am besten, wenn sie sich am Spontanen, Querdenkeri-
schen und Verrückten orientiert. Die Bewegung ist:

Vom Stress	→ zur freien Zeit
Von der Unfreiheit	→ zur Freiheit
Von der Unfallneigung	→ zur Befreiung

Schauen Sie sich den ganzen Reigen auf der Bewusstseinsskala
auf Seite 155 an.

Spinner auf einen Blick

physisch: schockierend, unüblich,
ruckartig
seelisch: eigensinnig, freiheitsliebend,
schrullig, verrückt, entlarvend, nervös, aufbruchsbereit, spontan, trotzig, gestresst, bizarr
geistig: originell, genial, einfallsreich, erfinderisch, querdenke-
risch, provokativ, revolutionär, progressiv, inspiriert, Geistesblitze, sprunghaft
spirituell: Quatsch machen als Befreiung vom Ego
Zentralbegriffe und Objekte: Demonstration, Emanzipation
in jeder Hinsicht (von Mann, Frau, Kirche, Gesellschaft, Eltern,
Kindern, Vergangenheit, Zukunft, Weltanschauung, von allen
persönlichen Sündenböcken), Gleichheit, Trotz, Umbruch, Ausbruch → Befreiung, Freiheit, Freizeit, Unabhängigkeit, Flieger,
Feder, Auffälliges, Grelles, Verrücktes, Unruhe

Berufe: Gleichstellungsbeauftragte, Reformer, alles rund um Neues und Freizeit, Erfinder, Piloten, Opposition, Clown
Körper: Nervensystem
Frage: Welcher Befreiungsschritt ist fällig?
Auf den Punkt gebracht: Durch den Sprung ins andere eigensinnig werden
In einem Wort: Umschwungbewirkendes

Spinner Bestandsaufnahme

Fragen zum Befreiungsvermögen
Die Beantwortung dieser Fragen ermöglicht es zu begreifen, warum sich die Kompetenz so und nicht anders entwickelt hat.

› Scherten meine Eltern aus Normen aus und erlaubten sie mir das auch? Skala 0–100: _____
› Wie frei und emanzipiert waren meine Eltern? Skala 0–100: _____
› Waren meine Eltern in der Lage, mal richtig Quatsch zu machen? Skala 0–100: _____
› Hatten meine Eltern Stress, und machten sie mir Stress? Skala 0–100: _____
› Wie war es um die Freizeit in meiner Ursprungsfamilie bestellt?

_____

_____

_____

> Hatten meine Eltern einen anregenden Freundeskreis?

_____

_____

Bestandsaufnahme auf der Skala

Markieren Sie die Position auf der Bewusstseinsskala, die Ihr Hauptgefühl (= ungefähre Durchschnittsposition) in Kindheit, Jugend und heute widerspiegelt:

Kindheit	
Jugend	
heute	

Bewusstseinsskala©   Ute Lauterbach

0	50	100
Nullinger	KippPunkt	Fullinger

Spinner hochfahren

Fragen zur Steigerung des Befreiungsvermögens

> In welchen Lebensbereichen sollte ich mich befreien und emanzipieren?

_____

_____

_____

> Habe ich genug und die richtigen Freunde?
> Skala 0–100: _____

> In welchen Hinsichten erlebe ich Stress? Wie ließe er sich ganz konkret abbauen?

> Wie könnte ich mich blamieren?

> Wie könnte ich aus der Reihe tanzen?

> Was ist für mich verrückt, und wie könnte ich mehr Verrücktes in mein Leben einbauen?

> Wie kann ich mehr Spontaneität in meinem Leben zulassen?

❯ Welche Gewohnheiten habe ich, und wie könnte ich sie fallen lassen?

_____

_____

_____

❯ Wie könnte ich den Sprung über meine Grenzen riskieren?

_____

_____

_____

❯ Welche Sicherheit engt mich ein und könnte verlassen werden?

_____

_____

_____

❯ Wie kann ich genug Freizeit haben und sie schön gestalten?

_____

_____

Fazit und Entscheidung: Was rät mir mein Glückspilot bezüglich dieser Kompetenz?

1. _____

   _____

2. _____

   _____

Spinner und seine Lieblingsmottos

> Stress ist rasender Stillstand.
> Wer sich erfindet ist freier.
> Und welches Motto oder welche Devise passt für Sie besonders gut?

_____

_____

_____

VISIONÄR

ERKENNEN + GERECHT WERDEN + LIEBEN

Sie zuerst!

Fantasieren und assoziieren Sie, was sich hinter diesem Namen verbergen könnte:

_____

_____

_____

_____

Dachten Sie an:

Visionen, Ahnungsvermögen, Gespür, siebter Sinn, Nebel, Unsichtbarkeit, Unsicherheit, Verschwommenes, das nebulös andere, Auflösung, die Alternative, das Transzendente und Unwirkliche?

Der **Visionär** findet es großartig, wenn Sie ahnen, statt zu wissen.

Visionär kennenlernen

Es gibt nur zwei Arten zu leben. So, als wäre
nichts ein Wunder. Oder so, als wäre alles eines.
Ich glaube an Letzteres.
Albert Einstein

Schärfen wir zunächst unsere Wahrnehmung für diese Kompetenz, indem wir sie introspektiv aufspüren.

Fühlen Sie in sich hinein, und orten Sie *Visionär* so genau wie möglich.

Fragen Sie sich:
Kenne ich diese ganz große Sehnsucht, mit der ich über mich hinausstrebe zum ganz anderen hin? Wie erlebe ich sie? Wie fühlen sich echte Alternativen an?
Wie sehr stimmt für Sie: »Ich transzendiere, also bin ich«?

Wenn Sie sich ganz präzise auf Ihr Erleben konzentrieren, dann haben Sie die Kompetenz *Visionär* introspektiv geortet.

Die letzte Kompetenz in diesem Reigen können wir am besten verstehen, wenn wir uns auf unsere ganz große Sehnsucht besinnen, mit der wir alles Menschliche und alles Irdische und gar alles Überirdische übersteigen wollen – noch ins Jenseits vom Jenseits und hinausahnen in die sich verlierenden Spuren in der Weite des Nichts. Es ist nicht das trotzige Ausbrechen, mit dem wir uns gegen Normen wehren. Es ist auch nicht das **Global-**

Player-hafte Streben nach dem eigenen Sinn. Sondern diese Sehnsucht greift in viel unbekanntere Räume. Jetzt soll das Ich wirklich ganz und gar aufgelöst werden.

Die ersten beiden Kompetenzen des überpersönlichen Segments führten uns aus ichhaften Belangen hinaus und in gesellschaftliche Belange hinein. Und jetzt wird im letzten Absprung auch noch die Gesellschaft, das Menschsein gleichsam verlassen, und wir springen sozusagen in den Kosmos, in eine ganz andere Dimension. Diese ahnen wir in unserer tiefsten Sehnsucht und unseren hehrsten Visionen. Deshalb nenne ich diese Kompetenz **Visionär**. Jetzt lassen wir das Menschsein hinter uns und wollen nichts mehr, wir wollen die Befreiung nicht mehr, wir wollen dies und das nicht mehr, wir sind all das schon in dieser großen Sehnsucht.

Es geht darum, wirklich in aller Ruhe ganz anders zu sein, echte Alternativen zu leben, sich nicht durchzukämpfen, sondern aus sich herausströmend zu leben. Alles Bisherige wird aufgelöst, geht unter, verschwindet, nicht mit Kampf, sondern einfach durch den Überstieg in die Transzendenz. Und Transzendenz kann im mystischen Sinne gefasst sein als erweitertes und höheres Bewusstsein, als Leben aus der Erleuchtung heraus, kann aber auch einfach bedeuten, das normal Menschliche, das bisher Gültige transzendiert zu haben, echt alternative Lebensformen gefunden zu haben und zu praktizieren.

Bei diesem Ausstieg aus der Alltagsrealität, um die es dem **Visionär** geht, gibt es zwei Formen: einmal, dass ich aussteige in eben wirklich reale, alternative Lebensformen hinein, oder dass ich einfach flüchte mittels Drogen, Alkohol, Medikamenten usw. Dann ist der Ausstieg irreal, weil ich nach der Ernüchterung genau wieder da lande, von wo ich aufbrach. Weil es dem **Visionär** um die Auflösung des Bisherigen geht, regiert er alle Auflösungsprozesse, alles Unsichtbare, alles Heimliche, alles Arbeiten und Leben im Hintergrund; etwa im Kloster, im Gefängnis, im Krankenhaus, abseits von der Gesellschaft. In solchen Kontexten sind unsere **Visionär-Projektionsflächen**.

Im (sehn)süchtigen Über-sich-Hinausgreifen sind wir nicht mehr getrennt von anderen. Wir sind die anderen, wir sind aufgegangen im allgemeinen, kosmischen Gefühl des Einsseins. Deshalb gehören das echte Mitgefühl und Helfen zur Transzendierung der eigenen Person. Helfen, weil wir uns eins mit anderen fühlen. **Visionär** ist der letzte Überstieg, der letzte Ausstieg in eine unendliche Freiheit, die sich nicht mehr beweisen lässt, weil sie nicht länger erkämpft wird, weil sie uns aus sich herausträgt und Bestandteil unseres Seins ist.

Visionär auf der Bewusstseinsskala differenzieren

Visionär Richtung Nullinger

Modell: Im Müll ersticken

Gertrud arbeitet daran, eines Tages mal wieder ihre Schreibtischplatte sehen zu können. Vorher müsste sie sich einen Weg zum Schreibtisch bahnen, also Zeitschriften, Essensreste, schmutzige und saubere Wäsche, Teller, Ball, Zange, Heckenschere, Kühlbox, die Einlegeböden für den Küchenschrank wegräumen. Doch bevor sie dazu kommt, wird die Schicht immer dicker. Vielleicht sollte sie umziehen, aber dann hat sie, wie jetzt auch noch, die vielen unausgepackten Kartons überall stehen. Gertrud hat sich abgewöhnt, Dinge zu suchen. Sie kauft sie lieber neu. Das geht schneller. Aber dadurch hat sie immer von allem mehr, als sie braucht. Zehn Küchenmesserchen zum Beispiel. In ihrer Not hat sie neulich sogar die Asche von der Zigarette direkt auf die Schicht fallen lassen. Das fand sie selbst nicht gut. Aber was soll sie machen? Am besten, denkt sie, ist zudröhnen, dann bekommt sie das Chaos nicht so mit.

Visionär Richtung Fullinger
Modell: Alternativ leben
Steffen ist Aussteiger. Er lebt anders. Nicht wie **Spinner** provokant, sondern so, wie es ihm Sinn macht. Er ist weitgehend Selbstversorger, nutzt alternative Energiequellen und ist im Einklang mit der Natur. Sein Weg ist, sich bewusst zu machen, was kollektive und persönliche Sackgassen sind. Und dann kümmert er sich um Alternativen. Er spürt und ahnt, dass im Grunde alles ganz einfach ist. Er lebt friedvoll, unscheinbar und einfach.

Die Lösung
führt grundsätzlich über sich hinaus:
Von der Sucht → zur Sehnsucht
Vom Mitleid → zum Mitgefühl
Vom Chaos → zur Alternative
Von der Isolation → zur Verbundenheit

Wahrscheinlich können Sie die Bewusstseinsskala inzwischen selbst bestücken. Aber warum sollten Sie, wenn sie auf der nächsten Seite auf Sie wartet?

Visionär: Ahnungsvermögen und Alternativen finden auf der Bewusstseinsskala vom Nullinger zum Fullinger

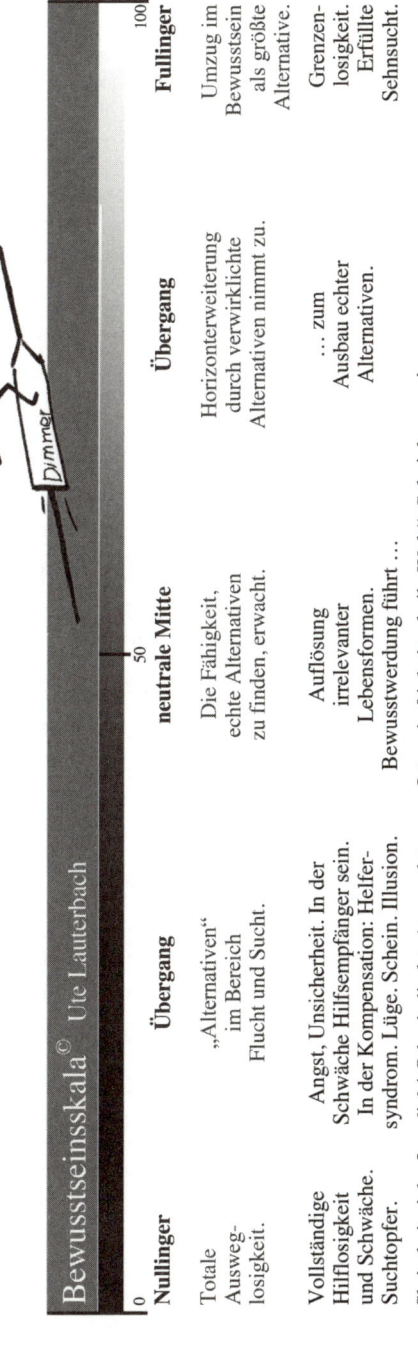

Bewusstseinsskala © Ute Lauterbach

Nullinger	Übergang	neutrale Mitte	Übergang	Fullinger
0		50		100
Totale Ausweg-losigkeit.	„Alternativen" im Bereich Flucht und Sucht.	Die Fähigkeit, echte Alternativen zu finden, erwacht.	Horizonterweiterung durch verwirklichte Alternativen nimmt zu.	Umzug im Bewusstsein als größte Alternative.
Vollständige Hilflosigkeit und Schwäche. Suchtopfer.	Angst, Unsicherheit. In der Schwäche Hilfsempfänger sein. In der Kompensation: Helfersyndrom. Lüge. Schein. Illusion.	Auflösung irrelevanter Lebensformen. Bewusstwerdung führt …	… zum Ausbau echter Alternativen.	Grenzen-losigkeit. Erfüllte Sehnsucht.

Skriptbeispiele: Irre dich! Oder indirekt: Atmosphäre von Lügenhaftigkeit, „heile Welt", Scheinharmonie
Somatisierungstendenzen: Füße, Drüsen

Visionär
auf einen Blick

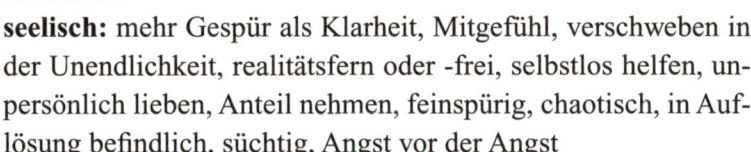

physisch: elfenhaft, konturlos, unsichtbar

seelisch: mehr Gespür als Klarheit, Mitgefühl, verschweben in der Unendlichkeit, realitätsfern oder -frei, selbstlos helfen, unpersönlich lieben, Anteil nehmen, feinspürig, chaotisch, in Auflösung befindlich, süchtig, Angst vor der Angst

geistig: Ahnungsvermögen, Intuition, reale Bewusstseinserweiterung, Alternativen entwickeln, Hintergründe aufdecken, wundergläubig

spirituell: Hineingenommensein in größere Zusammenhänge, mystisches Erleben, wahre Entgrenzung, ganz große Sehnsucht, Auflösungsprozess, Einssein mit Allem

Zentralbegriffe und Objekte: echte mystische Erfahrung, Grenzüberschreitendes, Betrug, Illusion, Verdrängung, Müll, Obdachlosigkeit, Verwahrlosung, Knast, Kloster, Slums, Drogen, Medikamente, Werbung, Fernsehen

Berufe: alle Helferberufe, hinter den Kulissen arbeiten, Mystiker, Dealer, Apotheker und alles rund um den Müll

Körper: Füße, diffus energetisch

Frage: Wie sieht die Alternative zur Alternative aus?

Auf den Punkt gebracht: Dem geahnten oder ersehnten Höheren in wirklich alternativen Lebensformen entgegenlaufen

In einem Wort: Transzendenzverwirklichung

Visionär Bestandsaufnahme

Fragen zum Ahnungsvermögen und zur Fähigkeit, Alternativen zu finden

Die Beantwortung dieser Fragen ermöglicht es zu begreifen, warum sich die Kompetenz so und nicht anders entwickelt hat.

> Haben meine Eltern bei Schwierigkeiten aktiv nach Lösungen gesucht (Skala 0–100: _____),
> oder haben sie sich eher schwächlich in Ausweglosigkeit und Hilflosigkeit eingerichtet (Skala 0–100: _____)?
> Waren meine Eltern auf konstruktive Art hilfsbereit?
> Skala 0–100: _____
> Gab es Suchtverhalten in meiner Herkunftsfamilie? Welche Süchte waren führend?

_____

_____

_____

> Herrschten daheim Chaos und Schlampigkeit? Vielleicht nur in einigen Bereichen? Welche Erfolge und Möglichkeiten wurden dadurch vereitelt?

_____

_____

_____

Bestandsaufnahme auf der Skala

Markieren Sie die Position auf der Bewusstseinsskala, die Ihr Hauptgefühl (= ungefähre Durchschnittsposition) in Kindheit, Jugend und heute widerspiegelt:

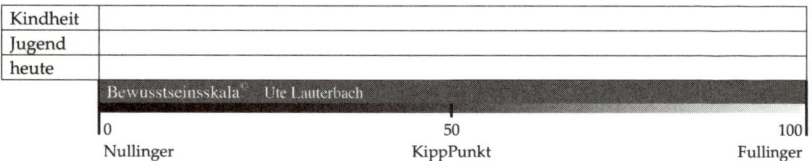

Kindheit	
Jugend	
heute	

Bewusstseinsskala®   Ute Lauterbach

0	50	100
Nullinger	KippPunkt	Fullinger

Visionär hochfahren

Fragen zur Steigerung des Ahnungsvermögens und zur Fähigkeit, Alternativen zu finden

> Inwiefern kann ich Auflösungsprozesse durch Alternativen ersetzen?

_____

_____

_____

> Wo und wie kann ich von Heimlichkeiten zur Bewusstseinserweiterung kommen? Was könnte ich heimlich leben, anstatt es gar nicht zu leben?

_____

❯ Was ist im Entscheidungskonflikt die dritte Möglichkeit?

❯ Welche Normen kann ich aufweichen?

❯ Habe ich Süchte? Welche Alternativen fehlen mir?

❯ Was ist für mich Spiritualität?

Fazit und Entscheidung: Was rät mir mein Glückspilot bezüglich dieser Kompetenz?

1. _____

   _____

2. _____

   _____

Visionär und seine Lieblingsmottos

› Alternativen an die Stelle der Ausweglosigkeit setzen.
› Mit Wundern, nicht mit harten Fakten leben!
› Und welches Motto oder welche Devise passt für Sie
  besonders gut?

_____

_____

_____

Ärmel hochkrempeln

Kraft erreicht man nicht durch Zurückhaltung,
sondern durch Hinwendung.
Ludwig Hohl

So schön übersichtlich, die einzelnen Hauptantriebe, nicht wahr?

Sehen wir uns an, was wir bis jetzt erreicht haben.
> Sie haben anhand des jeweiligen Namens über das Merkmalbündel einer Kompetenz spekuliert,
> haben sie dann kennengelernt,
> haben sie auf der Bewusstseinsskala differenziert,
> haben die Lösungsrichtung betrachtet,
> haben Fragen zur Bestandsaufnahme und Steigerung beantwortet,
> haben die Kompetenz als Motto-Stifter genutzt.

Und jetzt heißt es: Ärmel hochkrempeln. Sie sind bereits in die Praxis eingestiegen, indem Sie die Fragen zur Steigerung einer Kompetenz beantwortet haben. Und sind zum Glückspiloten geworden, haben ein Fazit gezogen und eine Entscheidung getroffen. Damit haben Sie sich gleichsam wie ein Hund auf die Fährte zur Integration gesetzt. Wenn Sie die angepeilte Richtung durch konkrete Handlungskonsequenzen wirklich einschlagen, dann sind Sie auf einem Integrationstrip vom Feinsten. Eine eher flächendeckende Aufgabe, die bei jeder der zwölf untersuchten Kompetenzen ansetzt. Sie bietet eine beinahe gemütliche, systematische und individuelle Befreiungs- und Entfaltungsherausforderung.

Aber was ist zu tun, wenn plötzlich die Kontrolllampe aufleuchtet, weil es ungemütlich wird?

Wir können auch situativ vorgehen. Das heißt, anstatt uns jede einzelne Kompetenz vorzuknöpfen und herauszufinden, wie sie im Sinne Ihres Drehbuchs gesteigert werden könnte, schauen wir im Folgenden auf kritische Situationen und widmen uns einer präzisen, punktgenauen Entfaltungs- und Befreiungsarbeit. Wir fragen: Was ist in welcher Hinsicht genau und wie zu tun? Oder: Woran erkennen wir, dass wir eine Kompetenz nur eingeschränkt zur Verfügung haben? Und vor allen Dingen, wie können wir sie beleben? Sie integrieren? Das stelle ich im nächsten Kapitel vor.

Wenn die Gelassenheit zusammenkracht ...

Der Schmerz zeigt uns den Weg zur Wahrheit.
Moritz Boerner

Sind Sie bereit? Jetzt rücken wir der Praxis noch näher auf den Leib. Wir steigen vom Drehbuch-Schreiben aus der Adlerperspektive in die Niederungen des oft gemeinen Alltags. Was passiert also, wenn die Gelassenheit zusammenkracht? Dann

> ❭ rutschen wir ins Gedankenkarussell und
> ❭ projizieren wir.

Projektion? Was ist das?

Alles, was wir verdrängt haben, um für unser Umfeld pflegeleicht zu sein oder um überleben zu können, fordert seinen Tribut, den wir zum Beispiel in Form von Projektionen entrichten. Dann stört uns an den anderen, was wir selbst nicht leben. Das verdrängte Eigene wird projiziert und erscheint in widerborstigem Outfit im Umfeld, wo wir es im ungünstigen Fall bekämpfen, anstatt es zu integrieren. Sie erinnern sich an Hanna und Simon im Eingangskapitel.

Und was ist das verdrängte Eigene genau? Es ist ein Wunsch, eine Fähigkeit, ein Antrieb – irgendetwas aus der wunderbaren Palette unseres Gesamtpotenzials. Durch das Verdrängen entsteht unser Schatten. Die Psychoanalytikerin und Autorin Liz Greene drückte es folgendermaßen aus:

»Die Natur des Lebens ist Ganzheit. … Was wir in uns selbst verleugnen, ziehen wir von außen an und nennen es Schicksal.«[5]

Das nicht Gelebte, also unser Schatten, jagt uns in die ungemütlichen Dauersackgassen, bis wir ihn anhand unserer Projektionen *erkennen*, uns diesen dann *stellen* und sie *zurücknehmen*. Anders formuliert: Hinter jeder Projektion verbirgt sich ein nicht gelebter Schattenanteil, also eine unterbelichtete Kompetenz.

Und wie merken wir, dass wir projizieren, dass unser Schatten tobt, dass **Eros** uns grad mal wieder einen Entwicklungskick geben will? Ganz einfach daran, dass wir auf der Bewusstseinsskala unter fünfzig rutschen, dass uns die Gelassenheit abhandenkommt.

> Was uns emotional auf die Palme bringt,
> ist projektionsverdächtig.

Fragen Sie sich:
> Was verabscheue ich an anderen?
> Was nervt und irritiert mich an anderen, an der Welt?
> Was löst starke Affekte in mir aus?
> Wann rast mein Gedankenkarussell?

---

5 Vgl. Liz Greene & Howard Sasportas, *Dynamics of the Unconscious*, Penguin Group, London 1988, S. 72. Übers. d. Autorin

Integration auf dem Weg zur Mitte

Wenn dich ein Hund verfolgt,
pfeif ihn herbei.
Emerson

Muckt ein Schattenanteil auf, sind wir sofort unter fünfzig auf der Bewusstseinsskala. So *erkennen* wir die Grüße unserer Projektionen. Als Nächstes heißt es: *sich der Projektion stellen.* Das geht leicht. Anstelle von Sündenbockpflege (= der Übeltäter ist jemand anders → mein Leben und meine Umstände haben nichts mit mir zu tun) wissen wir inzwischen, dass alles, was uns widerfährt und uns unter fünfzig treibt, tatsächlich fundamental auf das Kellergeschoss einer Kompetenz hinweist.[6] Wenn wir unsere *Projektionen zurückzunehmen,* dann ärgern wir uns seltener, sind nicht so leicht genervt, sind stabiler oberhalb von fünfzig auf der Bewusstseinsskala. Kurz: Wir fahren unsere Kompetenzen gezielt hoch.

Das lohnt sich, denn alles, was nicht integriert ist, schmälert unsere Lebensfreude und behindert unsere Wanderung Richtung Fullinger.

Und wie können wir unsere Projektionen zurücknehmen und im Schatten versteckte Persönlichkeitsanteile beleben? Das ist gar nicht so schwierig.

An einem Beispiel veranschauliche ich vier Erkenntnisschritte, und als fünfter folgt die passgenaue Handlung. Kai steht in einer Warteschlange in der Kantine. Eine dreiste Blon-

---

6 Ausführlich gehe ich auf die Zurücknahme von Projektionen in meinem Buch *LiebesErklärungen*, dtv, München, 2005 über eine ganz neue Liebeskultur ein.

177

dine drängelt sich »charmant« vor. Kai regt sich maßlos auf. Allerdings nur innerlich. Das heißt, ein Schattenanteil muckt auf. Kai vollzieht die folgenden Erkenntnisschritte:

1. Er merkt, dass er unter fünfzig im Verstrickungsbereich gelandet ist, seine Gelassenheit also weg ist.
2. Er fragt sich, was es ganz genau ist, was ihn an dieser Situation oder Person in emotionale Aufwallung bringt. Seine Antwort: Ihn nervt die unverfrorene Rücksichtslosigkeit — obendrein lächelnd. Und das, wo er die Rücksichtnahme in Person ist.
3. → So erhält er einen direkten Fingerzeig auf einen nicht gelebten Persönlichkeitsanteil. Kais übertriebene Rücksichtnahme legt seine gesunde Durchsetzung lahm. **Pusher** hat Schlagseite.
4. Kai denkt sich eine ganz konkrete und durchführbare Handlung zur Belebung dieser Kompetenz aus. Er findet eine Formulierung, die er bei der nächsten ähnlichen Gelegenheit direkt parat haben will. Und zwar: »Wenn Sie meinen Rücken sehen, stehen Sie an der richtigen Stelle in der Warteschlange!«
5. Er handelt entsprechend. Als sich die besagte Dame in der Kantine wieder vordrängelt, sagt er seinen Satz, und die Dame reiht sich mit »Oh, Verzeihung« hinter ihm ein.

Zugegeben, dieses Beispiel wirkt banal, aber unser Leben findet im banalen, oftmals kleinkarierten Alltag statt. Je besser wir mit den kleinen Situationen umgehen können, umso schneller nähern wir uns dem großen Karo und darüber hinaus.

Gehen wir aber mal davon aus, dass Kai mit seinem Satz keinen Erfolg gehabt hätte und die Vordränglerin pampig geworden wäre. Dann geht Kai die ganze Szene innerlich noch einmal durch. Er findet mögliche Soll-zwar-nicht-Bruchstellen in seinem Verhalten: wie unsichere Stimme, gesenkten Blick oder die tief sitzende Einstellung, dass er in die hintere Reihe gehört, weil früher sein großer Bruder immer vorgeschickt wurde mit den Worten: »Lass das mal den Uwe machen.« Kai zückt also sofort wieder das Drehbuch seines Glücks und schreibt auf, inwiefern er auf eine festere Stimme und eine entschiedenere Haltung achten könnte. Das übt er dann ganz grundsätzlich, um für kritische Situationen eine neu installierte Gewohnheit parat zu haben.

Dieser Weg erlaubt gezielte Selbstbefreiung und stellt die Weiche für neue, effiziente Wege in der Therapie. Ein Garant für die Tragfähigkeit dieses Systems ist auch, dass die Innenschau (= Phänomenologie) und die wissenschaftliche Systematisierung (= Strukturalismus) einander bestätigen.

Die Bewusstseinsskala als Schnittstelle zwischen Phänomenologie und Strukturalismus

Verstehen ist nicht-endend und kann daher keine Endergebnisse hervorbringen.

Hannah Arendt

Die Phänomenologie ist die Lehre vom Sich-Zeigenden. Was zeigt sich beispielweise in unserem Bewusstsein? Welche Phänomene und Qualitäten erleben wir? Tiefschlaf, Traumerleben, entspanntes Dämmern, Wachbewusstsein, Inspiration, Intuition, Erleuchtung, um einige Erlebnisqualitäten zu nennen.

Der Strukturalismus betrachtet unter anderem solche Phänomene und ist bestrebt, Entwicklungs- und Wachstumsmuster zu erkennen. Er fragt: »Gibt es nicht umkehrbare Entwicklungsrichtungen?« Zum Beispiel verläuft der Entfaltungsprozess unserer kognitiven Kompetenz immer vom konkreten zum abstrakten Denken, aber nicht umgekehrt. (In diesem Kapitel denken wir abstrakter als bei Gertruds Versinken im Müll auf der Strecke gen Nullinger.) Ken Wilber hat ausführlich zu diesem Thema gearbeitet. In seinem Buch *Integrale Spiritualität* geht er auf die Wichtigkeit des Strukturalismus ein. Ich referiere zunächst die entscheidenden Aspekte aus diesem Werk, um dann den Bezug zur Bewusstseinsskala und unseren Grundantrieben herzustellen. Während die Phänomenologie die Inhalte des Geistes anschaut, hält der Strukturalismus Ausschau nach Mustern, denen die Phänomene oder Erfahrungen folgen.[7]

---

7   Vgl. Ken Wilber, *Integrale Spiritualität,* Kösel-Verlag, München 2007

Das Aufregende ist für unseren Zusammenhang, dass es solche Muster gibt und dass damit eine evolutionär vorgezeichnete Entwicklungstendenz dem hier vorgeführten Drehbuch zum Glück zugrunde liegt. Damit bewegen wir uns weg vom Willkürglück und hin zu einem in unserer Natur angelegten Sehnsuchtsglück. Dass dies keine leere Behauptung ist, greifen wir an folgenden Tatsachen ab:

1. Wir können alle bestätigen, dass ein freier Kopf weichenstellend für das Glück ist. Oder gar dessen Inbegriff ist.
2. Das deckt sich mit den Erkenntnisgipfeln aller großen Denker, aller Zeiten, aller Kulturen und durch alle Disziplinen hindurch. (Hier freuen wir uns auf mein nächstes großes Werk, in dem ich das belegen und vielfältig illustrieren werde.)
3. Der Strukturalismus hat herausgefunden, dass Entwicklungsmuster existieren: zum Beispiel immer vom Einfachen zum Komplexen, vom weniger Differenzierten zum Differenzierteren, vom wenig Umfassenden zum mehr Umfassenden usw. Das erleben wir (Phänomenologie) ganz konkret, wenn wir uns vergegenwärtigen, wie sich der Radius weitet, sowie wir auf der Bewusstseinsskala immer mehr Richtung Fullinger unterwegs sind.

Wir schwenken nun den Scheinwerfer weg von jenen hehren Bewusstseinszuständen und blicken auf Erlebnisqualitäten wie: ästhetischer Sinn, (Un-)Freiheitsempfinden, moralische, seelische, kognitive Kompetenzen usw. Die einzelnen Kompetenzen können – so auch der in *Integrale Spiritualität* referierte Forschungsstand – unterschiedlich weit entwickelt sein. Wilber spricht von »vielfältigen Entwicklungslinien«: etwa der kognitiven Intelligenz, emotionalen Intelligenz, musikalischen Intelligenz, kinästhetischen Intelligenz. Spannend, aber eigentlich auch unserer Lebenskenntnis und Introspektion nicht fremd, ist, dass die Forschung bestätigt, dass sich die diversen Entwicklungslinien **relativ unabhängig** voneinander entwickeln. So können wir bei ein und derselben Person eine hohe Entwicklung in einigen Linien (etwa der kognitiven) nachweisen, eine mäßige Entwicklung in anderen (etwa der zwischenmenschlichen) und in wieder anderen eine schwache Entwicklung (etwa der moralischen).[8] Genauso stellen wir mithilfe der Bewusstseinsskala bei uns und anderen Menschen fest, wie unterschiedlich akzentuiert unser Kompetenzspektrum ist. Jeder Entwicklungslinie ordnet Wilber eine zentrale Lebensfrage zu. Und er nennt die wichtigsten Forscher, die sich mit der jeweiligen Linie befasst haben. Für uns ist in diesem Zusammenhang wichtig, dass es viele wissenschaftliche Forschungen gibt, die herausgefunden haben, dass es wirklich nicht umkehrbare Entwicklungsrichtungen gibt. Auch beruhigend an der Tatsache einer klaren Entfaltungsrichtung ist, dass *Eros* nicht willkürlich an uns rumzerrt, sondern uns letztlich in eine sinnhaltige Richtung zieht.

Die Entwicklungsforscher haben herausgefunden, dass jede dieser Entwicklungslinien sich in Stufen oder Wellen entfaltet.

Wir sehen die Parallele zwischen dem hier vorgeführten Ansatz und Wilber sofort. Ich fasse zusammen:

1. Es gibt Entwicklung mit einer unumkehrbaren Entfaltungsrichtung.

2. Wir haben durch die vielen Forschungen zu den einzelnen Kompetenzen Rückenwind für die Erfolgskraft unseres Drehbuchs. So führt der Weg bei **Planer** zum Beispiel tatsächlich von »fremdbestimmt« über »eigenbestimmt« zu »allbestimmt«, was einer Weitung der Identität gleichkommt. Dieser Satz ist ein Beispiel für abstraktes Denken. Konkreter: Ich mache nicht mehr dein Ding, sondern mein Ding und schließlich unser aller Ding. Noch konkreter: Anstatt deinen

---

8 Vgl. Wilber, a.a.O.

vegetarischen, gluten- und laktosefreien Trennkosterwartungen zu entsprechen, esse ich, was mir guttut. (Wer sich diese Forschungen näher zu Gemüte führen möchte, liest einfach das genannte Buch von Ken Wilber.)

Für Sie noch einmal alles in einer Übersicht optisch zusammengefasst:

LINIEN	KOMPETENZEN	LEBENSFRAGEN
	1. Durchsetzungsfähigkeit PUSHER	Was will ich?
existenzielle Bedürfnislinie	2. Sicherheit Existenzsicherung BESITZER	Wie gesichert bin ich?
	3. Selbstwert, Eigenraum BESITZER	Schätze ich mich wert?
	4. Sprechen, Lernen WISSBEGIER	Wie ist meine Kommunikation?
	5. Bedürfnisbefriedigung innerste Identität FÜHLENDE	Was brauche ich?
emotionale Linie	6. Fühlkompetenz FÜHLENDE	Wie fühle ich bezüglich dieser Angelegenheit?
Selbst-Linie	7. Selbstwirksamkeit MAJESTÄT	Wer bin ich?
kognitive Linie	8. Wahrnehmungsvermögen DENKER	Was nehme ich bewusst wahr?
	9. Denkvermögen DENKER	Wie scharf denke ich?
ästhetische Linie	10. ästhetischer Sinn, Geschmack CHARMEUR	Was zieht mich an?

LINIEN	KOMPETENZEN	LEBENSFRAGEN
zwischenmensch-liche Linie	11. Kontaktfähigkeit CHARMEUR	Wie sollten wir mit-einander umgehen?
Vorgehenslinie	12. Planungsvermögen, Eigen-Macht PLANER	Wie sollte ich das ganz konkret tun?
Werte-Linie	13. Sinnstreben GLOBAL PLAYER	Was hat Bedeutung für mich?
moralische Linie	14. Verantwortungsfähigkeit STREBER	Was soll ich tun?
	15. Befreiungsvermögen Freiheitsfähigkeit SPINNER	Inwiefern brauche ich mehr Freiheit?
	16. Ahnungsvermögen Alternativen wagen VISIONÄR	Was ist die Alternative?
spirituelle Linie	17. Spiritualität VISIONÄR	Was ist letzten Endes einzig sinnvoll?

Wenn wir uns auf die verschiedenen Kompetenzen konzentrie-ren, dann gewinnen wir sozusagen einen introspektiven Einstieg in die jeweilige Entwicklungslinie und haben durch unsere Po-sitionierung auf der Bewusstseinsskala neben der phänomeno-logischen Innenschau auch noch ein strukturalistisches Kriteri-um, mit dem wir zugleich von außen unseren ungefähren Entwicklungsstand abgreifen können.

Wir haben das bereits bei den Bestandsaufnahmen zu den Grundantrieben getan. Dort haben wir etwa auf Seite 59 am Beispiel des Selbstwerts das Thema introspektiv durch ver-schiedene Lebensalter hindurch taxiert.

Die korrekte Taxierung ist dabei rückgebunden an die Frage: Wie frei war beziehungsweise ist mein Kopf in Bezug auf x, y, z, hier meinen Selbstwert?

Anliegen des Strukturalismus ist es aufzuzeigen, dass es Evolution gibt und dass sie eine Richtung hat.

Anliegen der Bewusstseinsskala ist es, ein introspektives Messinstrument zur individuellen Standortbestimmung zu liefern. Darüber hinaus ist die Bewusstseinsskala auch ein strukturalistisches Werkzeug, denn sie erlaubt, subjektive Introspektion zu objektivieren.

Mein Anliegen mit diesem Kapitel ist vorzuführen, dass mein Ansatz auf historischen Füßen steht und solide Forschungsarbeit im Rücken hat. Darüber hinaus fächert er breiter und peilt vor allem die praktische Anwendung an. Denn die Sinfonie des Glücks erklingt, wenn alle Kompetenzen harmonisch miteinander spielen. Damit das gelingt, wird jede Kompetenz genau taxiert und gezielt hochgefahren. Dabei sind alle Missklänge, jedes noch so kleine Ärgernis der Startschuss für die Analyse: Wir finden heraus, wer Unterstützung braucht. **Fühlende? Besitzer? Pusher?** Oder wer? Und dann die richtigen Fragen stellen, Antworten finden, Handlungskonsequenzen überlegen und durchführen. Also erst unser Drehbuch schreiben und dann entsprechend handeln. Unsere hellen und dunklen Befindlichkeiten erlauben es, das Ausdrucksniveau einer Kompetenz genau zu orten. Auf einen Blick sehen Sie das auf Seite 187f.

Übersicht über die Hauptantriebe auf der Bewusstseinsskala

Man muss erst jemand sein,
bevor man niemand sein kann.
Jack Engler

Der Spielplatz und Hintergrund unserer Kompetenzen ist unser Bewusstsein. Wenn es von den Wolken unfreiwilliger Gefühle und Gedanken verdeckt wird, dann werden unsere Kompetenzen entsprechend behindert. Am Nullinger ist das Bewusstsein vollständig überschattet. Hier ist es nicht möglich, zuvorkommend zu handeln, künstlerisch tätig zu sein, tiefe Erkenntnisse zu haben, zu lieben, attraktiv zu sein. Wenn wir den Kopf nicht frei haben, dann sind all unsere Talente blockiert – und natürlich auch andersherum: Wenn unser Kopf total frei ist – im Fullinger-Erleben –, dann spielen unsere Talente auf höchstem Niveau. Das ist unsere tägliche Erfahrung. Ein freier Kopf ist notwendig, aber nicht hinreichend für die Entwicklung eines speziellen Talents. Man ist nicht aus dem Stand ein virtuoser Pianist, nur weil man gerade mal den Kopf frei hat. Aber als fantastischer Pianist ist man nur mit freiem Kopf genial. Genialität als Zutat, mit der wir über uns hinausweisen!

Vertiefen wir uns in die Übersicht der Grundantriebe, dargestellt auf der Bewusstseinsskala. Am Kipp- und Wendepunkt in der Mitte der Skala steht der Grundbegriff der Kompetenz. Und links und rechts davon das jeweilige Ausdrucksniveau. Bei zügelloser Differenzierungsfreude könnten wir noch mehr Kompetenzen herauskristallisieren, aber als allgemeiner Überblick und um die Idee rüberzubringen, reicht die Auswahl vollständig aus.

17 Kompetenzen auf der Bewusstseinsskala

Bewusstseinsskala© Ute Lauterbach

Name der Kompetenz	Nullinger (0)	Übergang	Kipp- und Wendepunkt (50)	Übergang	Fullinger (100)
Pusher	Jähzorn.	Ärger. Wut.	**1. Durchsetzung. Antrieb.**	Wille. Pioniergeist.	Energie sein.
Besitzer	Existenzpanik.	Unsicherheit.	**2. Sicherheit. Existenzsicherung.**	Erfüllender Lebensstil.	Sichersein.
Wissbegier	Keinen Raum haben. Vollblockade bezüglich Lernen und Sprechen.	Selbstwerteinbrüche. Lern- und Sprechstörungen.	**3. Selbstwert. Eigenraum. 4. Sprechen. Lernen.**	Eigener Lebensstil. Genuss. Eigenbestimmtes Sprechen und Lernen.	All-Platz. Wissen sein.
Fühlende	Von sich selbst ganz abgeschnitten sein. Gefühlsblindheit.	Identität nicht voll spüren. Gefühlsirrläufer, Sentimentalität.	**5. Innerste Identität und Wünsche spüren. 6. Fühlkompetenz verfügbar.**	Identität und Wünsche beantworten. Wachsende Empathie.	Existenzielle Geborgenheit. Reales Mitgefühl.
Majestät	Nicht-Sein.	Selbstunwirksamkeit.	**7. Selbstwirksamkeit beginnt.**	Eigene Projekte umsetzen. Kreativität.	Selbstverwirklichung. Geniales Schaffen.
Denker	Wahrnehmungsblockade. Denkblockade. Detailzwänge.	Irreale „Wahrnehmung". Unklar, unrealistisch denken.	**8. Wahrnehmungsvermögen 9. Klare Rationalität. Realistisches Denken.**	Wachsende, reale Wahrnehmung. Denkerisch Räume erschließen.	Klares Weltauge. Aperspektivische Schaulogik.
Charmeur	Geschmacksblockade.	Geschmackswirrnis.	**10. Ästhetischer Sinn. Geschmack**	Wachsender ästhetischer Sinn.	Schönheit sein.
Planer	Einzelhaft. Fanatismus.	Disharmonische Kontakte. Fremdbestimmung.	**11. Kontaktfähigkeit. 12. Planungsvermögen. Eigen-Macht.**	Guter Gleichklang. Liebe. Eigenbestimmte Erfüllung.	All-Einssein. All-Macht.
Global Player	Absolute Sinnlosigkeit.	Sinnlosigkeitsempfinden in verschiedenen Graden.	**13. Sinnstreben und Expansion möglich.**	Erfolgreiche Sinnsuche. Leben in der Fülle.	Erfüllt leben. Sinn sein.
Streber	Vollblockade.	Blockade. Hemmung.	**14. Verantwortung. Bewusstwerdung.**	Umsetzen von Lebensrechten.	Klarheit sein.
Spinner	Unfreiheit.	Trotz. Irritation.	**15. Freiheitsfähigkeit.**	Individuation. Eigensinniges Leben.	Freiseligkeit.
Visionär	Vollständiges Suchtopfer. „Schwarze Nacht der Seele."	Verschwommene Suche und Sucht. Ängstliches Alleinsein.	**16. Ahnungsvermögen. Alternativen suchen. 17. Spiritualität.**	Echte Alternativen leben. Sich erfüllende Sehnsucht. Transzendieren des Ichs.	Erfüllte Sehnsucht im All-Sinn. Erleuchtung.

Fähigkeit

Die Basiskompetenzen

Make the most of yourself,
for that is all there is to you.
Emerson

Ausführlich habe ich zwölf Kompetenzen vorgestellt. Da es trotz aller Ähnlichkeiten viele Nuancen und individuelle Eigenheiten gibt, ist die Liste der zu differenzierenden Kompetenzen letztlich offen. Die Übersicht auf die zwölf Kompetenzen gebündelt, zeigt die folgende Abbildung.

Auf Seite 189 spazieren die Kompetenzen zusammengefasst über die Bewusstseinsskala.

Die Übersicht auf Seite 190 ordnet den Kompetenzen bestimmte Fähigkeiten, Lebensfragen und typologische Entsprechungen zu. Sie zeigt in einer Tabelle alles auf einen Blick.

Unsere Kompetenzen auf der Bewusstseinsskala

Bewusstseinsskala © Ute Lauterbach

Name der Kompetenz	Nullinger (0)	Übergang	Kipp- und Wendepunkt (50)	Übergang	Fullinger (100)
PUSHER	Jähzorn.	Ärger. Wut.	**Power. Durchsetzung.**	Wille. Pioniergeist.	Energie sein.
BESITZER	Keinen Raum haben.	Selbstwerteinbrüche.	Eigenraum.	Eigener Lebensstil. Genuss.	All-Platz.
WISSBEGIER	Vollblockade bezüglich Lernen und Sprechen.	Lern- und Sprechstörungen.	**Sprechen. Lernen.**	Eigenbestimmtes Sprechen und Lernen.	Wissen sein.
FÜHLENDE	Von sich selbst ganz abgeschnitten sein.	Identität und Gefühl nicht voll spüren.	**Die innerste Identität spüren.**	Gefühl und Identität zum Ausdruck bringen.	Existenzielle Geborgenheit.
MAJESTÄT	Nicht-Sein.	Selbstunwirksamkeit.	**Selbstwirksamkeit beginnt.**	Eigene Projekte umsetzen.	Selbstverwirklichung.
DENKER	Detailzwänge.	Sich analytisch verzetteln. Erbsen zählen.	Klare Rationalität. Realistisches Denken.	Denkerisch Räume erschließen.	Aperspektivische Schaulogik.
CHARMEUR	Einzelhaft.	Disharmonische Kontakte.	**Echte Kontakte**	Gleiche Wellenlänge.	All-Einssein.
PLANER	Fanatismus.	Fremdbestimmung.	Eigen-Macht.	Eigenbestimmte Erfüllung.	All-Macht.
GLOBAL PLAYER	Absolute Sinnlosigkeit.	Sinnlosigkeitsempfinden in verschiedenen Graden.	**Expansion und Sinnstiftung möglich.**	Erfolgreiche Sinnsuche. Leben in der Fülle.	Erfüllt leben. Sinn sein.
STREBER	Vollblockade.	Blockade. Hemmung.	Bewusstwerdung.	Umsetzen von Lebensrechten.	Klarheit sein.
SPINNER	Unfreiheit.	Trotz. Irritation.	**Freiheitsfähigkeit.**	Individuation. Eigensinniges Leben.	Freiseligkeit.
VISIONÄR	Vollständiges Suchtopfer.	Verschwommene Suche und Sucht.	Ahnungsvermögen. Entspannte Suche.	Echte Alternativen leben. Sich erfüllende Sehnsucht.	Erfüllte Sehnsucht im All-Sinn.

NAME	FÄHIGKEIT	LEBENS-FRAGE	TYPOLOGISCHE ENTSPRECHUNG
Pusher	Durchsetzungs-fähigkeit	Was will ich?	Choleriker, Feuertypus Widder + Mars
Besitzer	Selbstwertgefühl, Sicherheitsstreben, Eigenraum, Abgrenzung	Was sichert mich?	Phlegmatiker, Erdtypus Stier + Venus
Wissbegier	Kommunikations-fähigkeit, Sprechen, Lernen	Was macht mich neugierig?	Sanguiniker, Lufttypus Zwillinge + Merkur
Fühlende	Bedürfnis-befriedigung, Fühlkompetenz, innerste Identität	Was fühle, brauche und wünsche ich?	Melancholiker, Wassertypus Krebs + Mond
Majestät	Selbstausdruck, Selbstwirksamkeit	Wer bin ich?	Löwe + Sonne
Denker	Differenzierungs-vermögen, Wahr-nehmungsvermögen, Denkvermögen	Was nehme ich bewusst wahr?	Erdtypus Jungfrau + Merkur
Charmeur	Kontakt- und Liebesfähigkeit, ästhetischer Sinn, Geschmack	Was zieht mich an?	Sanguiniker, Lufttypus Waage + Venus
Planer	Planungsvermögen, Eigen-Macht	Wie kann ich selbstbestimmt leben?	Wassertypus Skorpion + Pluto,
Global Player	Sinnstreben	Was hat Bedeu-deutung für mich?	Feuertypus Schütze + Jupiter
Streber	Verantwortungs-fähigkeit, Werte, Ziele, Normen	Was soll ich tun? Welche Rechte habe ich?	Erdtypus Steinbock + Saturn

NAME	FÄHIGKEIT	LEBENS-FRAGE	TYPOLOGISCHE ENTSPRECHUNG
Spinner	Befreiungs-vermögen, Freizeit, Team, Emanzipation	Wie frei kann ich sein?	Sanguiniker, Lufttypus Wassermann + Uranus
Visionär	Ahnungsvermögen und Alternativen finden, Spiritualität	Was ist letzten Endes einzig sinnvoll?	Melancholiker, Wassertypus Fische + Neptun

Wir können den Zyklus dieser Kompetenzen als Weg des Menschen zu sich selbst verstehen. Im ersten Segment (1. bis 3. Kompetenz) tritt der Mensch in die Welt, lernt sie kennen und verwurzelt sich. Im zweiten Segment lernt er seine Seele kennen, erfährt und erfühlt, was ist, er erschließt die Innenseite des Seins (4. bis 6. Kompetenz). Im dritten Segment ergänzt er sich geistig über Partnerschaften oder durch die Ausbildung von Fähigkeiten, die er beim Partner ersatzweise suchte (7. bis 9. Kompetenz). Und wenn alle Ich-Facetten angelegt sind, geht es im vierten Segment darum, über den egoistischen Tellerrand zu schauen (10. bis 12. Kompetenz) und in größere Zusammenhänge, überpersönliche, kosmische Dimensionen hineinzuwachsen und letzten Endes zu sterben, um entweder wieder neu anzufangen oder nicht mehr. Den Tod stellen wir uns als Zu-Ende-Gehen oder als ein Weitergehen vor. Lassen wir uns überraschen.

Die Segmente werden sinnfälliger, wenn wir den Kompetenz-Reigen als Kreis darstellen. In der folgenden Abbildung ist die Bewusstseinsskala als Schwarz-Weiß-Verlauf eingezeichnet, und der gestrichelte graue Kreis markiert den KippPunkt auf der Skala. Der Weg geht nach wie vor vom Nullinger zum Fullinger beziehungsweise von der Peripherie des Kreises zu dessen Mitte. Und wer stabil in der Mitte sitzt, ist erleuchtet. Was wollen Sie mehr?

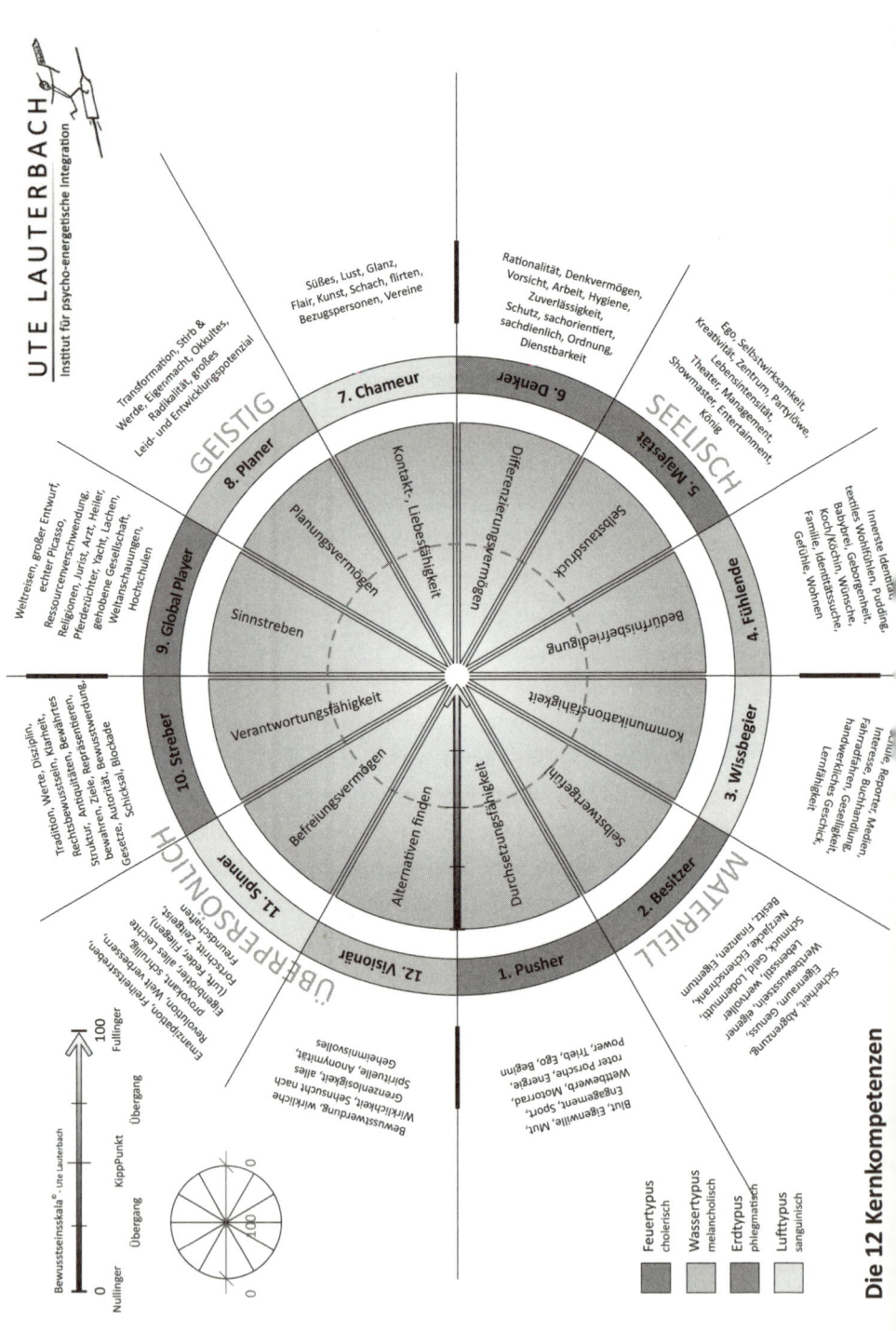

UTE LAUTERBACH
Institut für psycho-energetische Integration

GEISTIG

7. Chameur — Süßes, Lust, Glanz, Flair, Kunst, Schach, flirten, Bezugspersonen, Vereine

8. Planer — Transformation, Stirb & Werde, Eigenmacht, Okkultes, Radikalität, großes Leid- und Entwicklungspotenzial

9. Global Player — Weltreisen, großer Entwurf, echter Picasso, Ressourcenverschwendung, Religionen, Jurist, Arzt, Heiler, Pferdezüchter, Yacht, Lachen, gehobene Gesellschaft, Weltanschauungen, bewahren, Hochschulen

SEELISCH

6. Denker — Rationalität, Denkvermögen, Vorsicht, Arbeit, Hygiene, Zuverlässigkeit, Schutz, sachorientiert, sachdienlich, Ordnung, Dienstbarkeit

5. Majestät — Ego, Selbstwirksamkeit, Zentrum, Kreativität, Partylöwe, Lebensintensität, Theater, Management, Showmaster, Entertainment, König

4. Fühlende — Innere Identität, textiles Wohlfühlen, Pudding, Babybrei, Geborgenheit, Koch/Köchin, Wünsche, Familie, Identitätssuche, Gefühle, Wohnen

ÜBERPERSÖNLICH

10. Streber — Tradition, Werte, Disziplin, Rechtsbewusstsein, Klarheit, Bewährtes, Struktur, Ziele, Bewusstwerdung, bewahren, Autorität, Blockade, Gesetze, Schicksal, Blockade

11. Spinner — Emanzipation, Freiheitsstreben, provokant, Welt verbessern, Erfinder, alles leicht (Luft, Feder, fliegen), Fortschritt, zeigen, Revolution, schmutzig, Freundschaften

12. Visionär — Bewusstwerdung, wirkliche Wirklichkeit, Sehnsucht nach Grenzenlosigkeit, alles Wettbewerb, Motorrad, Spirituelle, Anonymität, Geheimnisvolles

MATERIELL

1. Pusher — Blut, Eigenwille, Mut, Engagement, Sport, Wettbewerb, Motorrad, roter Porsche, Energie, Power, Trieb, Ego, Beginn

2. Besitzer — Sicherheit, Abgrenzung, Lebenslust, Genuss, Eigentum, eigener Schmuck, Geld, Eichenschrank, Werkstatt, wertvoller Netzjacke, Ledermöbel, Besitz, Finanzen, Eigentum

3. Wissbegier — Schule, Reporter, Medien, Interesse, Fahrradfahren, Gesellschaft, handwerkliches Geschick, Lernfähigkeit

Innere Kernkompetenzen

Kontakt-, Liebesfähigkeit · Differenzierungsvermögen · Selbstausdruck · Planungsvermögen · Bedürfnisbefriedigung · Sinnstreben · Kommunikationsfähigkeit · Verantwortungsfähigkeit · Selbstwertgefühl · Befreiungsvermögen · Durchsetzungsfähigkeit · Alternativen finden

Bewusstseinsskala© · Ute Lauterbach

0 — Nullinger · Übergang · KippPunkt · Übergang · 100 Fullinger

Die 12 Kernkompetenzen

- Feuertyp cholerisch
- Wassertyp melancholisch
- Erdtyp phlegmatisch
- Lufttyp sanguinisch

Das Zusammenspiel der Kompetenzen

Wir alle würden verwandelt werden,
wenn wir nur den Mut zu uns selber hätten.
Marguerite Yourcenar

Der Grundstein ist gelegt: Sie haben einen Überblick über die zentralen Hauptantriebe des Menschen. Sie wissen, dass miese Befindlichkeiten einen Integrationsbedarf anzeigen. Unser gesamtes Potenzial – in welcher Ausgabe auch immer – ist da. Je integrierter wir es zur Verfügung haben, desto runder läuft unser Leben, desto wohler fühlen wir uns in unserer Haut.

Psycho-energetische Integration bedeutet, das Spektrum unserer Anlagen als Energien zu verstehen, die wir uns durch Integration mehr und mehr zu eigen machen. Wir befreien, was feststeckt, wir leben selbst, anstatt über andere oder anderes zu leben. Auf den Punkt gebracht: Wir integrieren, anstatt zu projizieren oder zu somatisieren. Psycho-energetische Integration gelingt in vielfältiger Gestalt. Ich zähle auf:

1. Durch das Hochfahren einzelner Kompetenzen. Das kennen Sie schon.
2. Durch die Zurücknahme von Projektionen. Das haben wir auch schon besprochen.
3. Durch das geschmeidige Zusammenspiel verschiedener Kompetenzen. Was nützte Ihnen beispielsweise Ihr Traumwagen, wenn er in Einzelteilen vor Ihnen läge?

Den dritten Punkt streifen wir jetzt. Oft ist es so, dass eine wunderbar ausgebildete Kompetenz nicht richtig zum Zuge kommen kann, weil sie von einer anderen, kaum integrierten Kompetenz behindert wird.

Ein Beispiel: Sandra hat es echt gut drauf, mit anderen in Kontakt zu gehen. Sie ist charmant und freundlich, aber nach den ersten gut zündenden Avancen weiß sie oft nicht mehr, was sie Schlaues sagen könnte. Gut verfügbar ist ihr **Charmeur**. Dann will sie als intelligent rüberkommen und bremst sich aus. Vordergründig ein **Denker**- oder **Wissbegier**-Problem. Tiefer betrachtet, ist Sandras Selbstwert nicht stabil. Also ein **Besitzer**-unter-fünfzig-Thema.

Sie sehen, wie die Kompetenzen zusammenspielen. Sandra kann mutig (**Pusher**) und charmant (**Charmeur**) auf andere zugehen. Sie weiß auch viel (**Wissbegier**), aber sie zweifelt an ihrer Intelligenz. Ein Selbstwertdefizit (**Besitzer**) beeinträchtigt ihr Kompetenzenbouquet. Der mangelnde Selbstwert mischt sich besonders im Kontakt störend in ihr Leben. Deshalb schaut sie sich die Kombination **Besitzer/Charmeur** näher an.

Jetzt braucht sie **Selbsterforschungsfragen**, die sich mit dieser Kompetenzkombination beschäftigen. Zum Beispiel folgende:

> Wie leicht fällt es mir, in Beziehungen sowohl meinen Eigenraum wie meinen Lebensstil zu bewahren?
> Versuche ich mit äußeren oder inneren Werten, andere für mich einzunehmen?
> Ist geteilter Genuss doppelter Genuss für mich?
> Brauche ich meinen Partner oder andere, um meinen Selbstwert zu steigern?
> Bin ich eifersüchtig?
> Finde ich Besitz sexy? Wie käuflich ist Liebe für mich?
> Womit möchte ich für andere attraktiv sein?
> Wie könnte ich mich in Beziehungen angemessen abgrenzen?

Aus ihren Antworten und Erkenntnissen entwickelt Sandra einen *passgenauen* Trainingspunkt oder eine förderliche Handlungskonsequenz. Ein *allgemeiner* **Trainingspunkt** könnte lauten:

❭ Authentisch zolle ich anderen Wertschätzung, um so meinen eigenen Wert noch besser spüren und verankern zu können.

Ein allgemeines **Fazit** könnte sein:

❭ Wer das Leben genießt, ist genießbar. Oder kurz und bündig: »Wer sich liebt, umarmt die Welt.«

Klar, es ist nicht immer nur ein Spielverderber des Glücks, aber einer ist oft im Vordergrund, um die erwünschte Show zu verderben. Letztlich wirken alle Kompetenzen zusammen. Und jeder noch so kleine Schritt in eine konstruktive Richtung wirkt sich auf das ganze Orchester positiv aus. Je gezielter wir zugreifen, umso effizienter ist der Integrationsschritt. Deshalb analysieren wir genau, wer bei einem Anliegen der Protagonist (in Sandras Beispiel: **Charmeur**) und wer der Antagonist (bei Sandra **Besitzer**) ist.

Wenn wir uns auf die zwölf vorgestellten Hauptantriebe beschränken und jede mit jeder kombinieren, ergeben sich stattliche 66 Kombinationsmöglichkeiten. Ich habe mich freudig darangemacht, zu jeder der 66 Kompetenz-Kombinationen **Selbsterforschungsfragen** zu entwickeln. Außerdem gibt es zu jeder Zweierkombination einen *allgemeinen* **Trainingspunkt**, der aufzeigt, wie sich die Kombi auf einer günstigen Ebene verwirklichen ließe. Zur Veranschaulichung finden Sie unter dem Trainingspunkt je einen mit »Und überhaupt« überschriebenen **Fazit-Satz**. Er dient der scherzhaften Vertiefung. Die Frage ist jetzt nur noch: **Wo finden Sie diese rund 60 Seiten?** Sie warten auf Sie. Gleich anschließend an dieses Kapitel. Oder hätten Sie alles lieber astrologisch aufbereitet? Dann eignet sich mein Buch

Gelebtes Leben durch psycho-astrologische Integration, das Sie auf meiner Homepage finden.

Sie können die zwölf Hauptantriebe auch hörend verinnerlichen. Lauschen Sie mir auf der CD *Die Kernkompetenzen des Menschen*. Oder wollen Sie SEHEN, wie ich die Typen darstelle? Es gibt auch einen Film: *Wer sich erfindet, landet im Glück*. Finden Sie einfach auf meiner Homepage, was Sie suchen.

Übrigens: Falls Sie schwindelfrei und mathematisch begabt sind, dann können Sie sich noch vorstellen, dass ja alle Kompetenzen mit allen anderen nicht nur in Zweierkombinationen synergetisch oder dissonant agieren. Nein, alle mit allen in unterschiedlichen Cluster-Akzenten je nach Situation. Und wenn gerade ein Dreier- oder Sechsercluster spielt oder tobt, sind gleichzeitig die restlichen latent im Hintergrund und färben Musik wie Sturm. Die rechnerische Summe im Tanz aller zwölf mit allen zwölf Kompetenzen liegt bei 4083.

Tja, und wenn wir doch lieber siebzehn Kompetenzen unterscheiden, dann erhöht sich die Zahl auf 131.054. Wenigstens die 4083 hätten wir immer schön zu bedenken.[9] Damit wir uns nicht restlos im Unendlichen verlieren, mögen uns die 66 Zweierkombinationen als Schlüssel für die Tür ins Unendliche dienen.

---

9   Das wäre nur die Summe von n über k gerechnet. Wenn wir noch die Größe einer Kompetenz je nach Position auf der Skala berücksichtigen, dann arbeiten wir mit n-Fakultät und landen bei 479.001.600 für zwölf Hauptkompetenzen oder für siebzehn bei 355.687.428.096.000. Ich meine ja nur, die Sache ist komplex.

Kompetenzen kombiniert

Synergie ist viel mehr
als die Summe aller Teile.

Hier finden Sie Selbsterforschungsfragen, Trainingspunkte und überhaupt ... Vielleicht möchten Sie Ihre Antworten in Ihr Drehbuch schreiben?

 **Pusher / Besitzer**

Selbsterforschungsfragen:
> Gab oder gibt es in meinem Leben Angriffe auf meinen Besitz oder mein Selbstwertgefühl, oder gelingt es mir, mich mit meiner Eigenart und meinem Lebensstil durchzusetzen und einzubringen?
> Missachte ich die Körperzone anderer? Oder widerfährt mir solche Missachtung?
> Dringen andere in meinen Eigenraum ein? Oder umgekehrt?
> Habe ich genug Mut zur Abgrenzung?
> Was nähme ich in Angriff, wenn ich von meinem Wert zutiefst überzeugt wäre?

Trainingspunkt:
Ich setze Mut und Initiative für meine Sicherheit ein.

Und überhaupt:
Eigenraum als Quelle von Energie.

Pusher / Wissbegier

Selbsterforschungsfragen:

> Gespräche und Kommunikationsprozesse fördern meine Selbstbehauptung und können ein gutes Sprungbrett für meine Durchsetzung sein. Lebe ich dieses Potenzial zum Beispiel in Form von klaren, wegbereitenden Worten? Oder eher in Form von spitzen Bemerkungen oder verbaler Aggression?

> Für wie wichtig halte ich mein Wissen?

> Hole ich ausreichend Infos ein, bevor ich handle?

> Ist meine Zunge schneller, als es für mein Gegenüber bekömmlich ist?

> Wie lebte ich, wenn ich mutiger und direkter spräche?

Trainingspunkt:
Ich fördere meine Durchsetzung durch gute Informiertheit und klare Kommunikation.

Und überhaupt:
Was ich nicht kommuniziere, existiert für den anderen nicht.

Pusher / Fühlende

Selbsterforschungsfragen:

> Spüre ich das volle Ausmaß meiner Kraft und Energie?

> Lasse ich mich von anderen zu Handlungen drängen, mit de-

nen ich mich nicht identifizieren kann? Hier immer die Frage: Was will *ich* wirklich? Und dann tun!

> Erlebe ich meinen Energiehaushalt als sehr stimmungsabhängig?
> Gebe ich mehr dem Anteil in mir nach, der mit anderen verschmolzen und identifiziert sein will, oder mehr dem Anteil, der nach vorne drängen und unabhängig sein will? Integration ist hier möglich durch das Nach-vorne-Drängen in seelische und psychische Bereiche – Innenraum erobern.
> Wie kann ich mich gut durchsetzen und einbringen, *und* meiner Seele treu bleiben?
> Empfinde ich Geschlechtsverkehr mitunter als Vergewaltigung? Erlaube ich mir in diesem Bereich draufgängerische Verhaltensweisen?
> Wie lebte ich, wenn ich mich mutig all meinen Gefühlen stellte?

Trainingspunkte:

> Ich setze meine Energie möglichst nur noch für Ziele/Projekte ein, mit denen ich mich identifizieren kann. Identifizieren heißt, sich bereits bei der Vorstellung einer Angelegenheit oder Situation wohl zu fühlen.
> Ich lasse mich nur noch so erobern, wie es meinen Bedürfnissen entspricht. Oder, wenn ich mich wohlfühle dabei, erobere ich selbst: Menschen, Dinge, innere Räume, Gefühle – eigene, die anderer ...

Und überhaupt:

Es ist ein Zeichen von *Stärke*, wenn wir den Mut haben, unsere zarte, verletzte und verletzbare Seite zu zeigen.

 # Pusher / Majestät

Selbsterforschungsfragen:

> In welchem Ausmaß gelang und gelingt es mir, mich als eigenständige Persönlichkeit durchzusetzen und zu behaupten?

> Kann ich meine innere Stärke und mein Kernanliegen gut in die Tat umsetzen?

> Wie war die Beziehung zu meinem Vater? Habe ich mit ihm gekämpft, um selbstständiger zu werden, oder habe ich diese Auseinandersetzung nicht gewagt?

> Wie lebte ich, wenn ich mutig und selbstständig agierte?

Trainingspunkt:

Ich riskiere Schritte zu mehr Selbstständigkeit und bleibe konsequent – auch wenn meine nähere Umgebung meine Bestrebungen nicht billigt. Ich halte mit diesen Menschen wohlwollend Kontakt, aber lasse mich nicht beirren.

Und überhaupt:

Sich austoben auf den Gipfeln des Seins.

 **Pusher / Denker**

Selbsterforschungsfragen:

> Wie fühle ich mich, wenn ich gründlich zuhöre?
> Setze ich meine Energie für die differenzierte Analyse von Gefühlen ein?
> Oder für wissenschaftliche Analysen?
> Macht mich übermäßige Anpassung anderer wütend? Oder ordne ich mich aus Angst vor Aggression anderen unter?
> Wie lebte ich, wenn ich den Mut hätte, meine Gefühle differenziert und direkt zum Ausdruck zu bringen?

Trainingspunkt:

Ich beobachte, wann ich Gefühle zurückhalte, wann sie dann unter Umständen affektgeladen übermäßig hervorbrechen. Dann übe ich, sie auszudrücken, sowie ich bemerke, dass ich sie zurückhalte. Dabei achte ich darauf, nur auszudrücken, was *ich* empfinde; also ohne Angriff und Vorwurf. Ich riskiere es, dadurch wirklich zu mir zu stehen.

Und überhaupt:

Sprache als Buschmesser im Dschungel meiner Gefühle.

 # Pusher / Charmeur

Selbsterforschungsfragen:

> Mein Bedürfnis nach Selbstbehauptung einerseits und das nach Hingabe und Vereinigung andererseits können durch den kreativen Selbstausdruck integriert werden. Lebe/spüre ich das?
> Hasslieben?
> Welche konstruktiven Auseinandersetzungsstrategien könnte ich in Partnerschaften gebrauchen?
> Wie erfüllbar (menschenmöglich erfüllbar) sind die Wünsche und Erwartungen, die ich an meine Partner/innen habe?
> Wie lebte ich, wenn ich den Mut zu mir selbst in meinen Partnerschaften voll ausdrückte?

Trainingspunkt:

Ich beobachte, was ich an meinem Partner/meiner Partnerin bekämpfe und missbillige. Und genau das erlaube ich mir selbst. Durch diese Erlaubnis bekomme ich einen Faden an die Hand, der es mir ermöglicht, in neue Bereiche meines Innern vorzudringen und nicht Gelebtes zu integrieren.

Und überhaupt:

Der Hass auf andere offenbart das Ausmaß, in dem wir versagen, uns selbst zu lieben.

Pusher / Planer

Selbsterforschungsfragen:
> Wie gehe ich mit Ärger um? (Raus oder rein?)
> Wo war/bin ich mit Aggression und Gewalt konfrontiert? Wo gibt es Machtkämpfe, wo Fremdbestimmung und Erwartungsdruck?
> In welchem Ausmaß gelingt es mir, mich gemäß meiner *eigenen* Vorstellungen durchzusetzen?
> Hat Durchsetzung für mich eine kämpferische beziehungsweise märtyrerhafte Note, oder erfolgt sie eher nach dem Motto: nicht leiden, sondern wagen?
> Wie lebte ich, wenn ich wagte, anstatt zu leiden?

Trainingspunkt:
Ich lasse mich von Ärger, Druck und Fremdbestimmung zum Innehalten aufrufen, um einen Rettungsplan zu entwerfen, den ich dann trotz aller Widerstände *konsequent* durchsetze.

Und überhaupt:
Widerstände sind eingebildete Wachtposten.

Pusher / Global Player

Selbsterforschungsfragen:

> Wenn ich meine Energie für etwas Sinnvolles einsetze, dann bleibt immer die Frage wichtig, wie sinnvoll das Sinnvolle ist; andernfalls Gefahr der Kräfteverausgabung am falschen Ort.

> Entspricht mein Betätigungsfeld den breiten Möglichkeiten meines Kräftepotenzials?

> Was ist ein mir gemäßer Schaffensradius?

> Habe ich Mut, erfolgreich zu sein?

> Wie lebte ich, wenn ich meine Energie nur für Sinnvolles einsetzte?

Trainingspunkt:

Ich notiere etwa 20 Tätigkeiten, die ich routinemäßig vollziehe. Dann bewerte ich diese Tätigkeiten von meinem innersten Empfinden her mit: zweckvoll, sinnvoll, unsinnig. Und dann überlege ich, ob ich meinen Schaffensbereich um einige als sinnvoll empfundene Aktionen erweitern kann.

Und überhaupt:

Wahre Gipfelstürmer lassen sich tragen von ihrer Lebensfreude.

Pusher / Streber

Selbsterforschungsfragen:

> Fühle ich, ein Recht auf Durchsetzung zu haben?
> Wie willensstark fühle ich, sein zu dürfen?
> Lasse ich mich durch Leute oder Umstände bremsen?
> Kann ich Wut und Ärger zeigen?
> Spüre ich meine Energie, und kann ich sie ohne Schuldgefühle für meine Ziele einsetzen?
> Oder werde ich blockiert, weil ich mich nicht verteidigen kann?
> Wurde mein Wille in der Kindheit beschnitten, oder wurde mir in zu jungen Jahren eine nicht kindgemäße Verantwortung aufgebürdet?
> Physische Misshandlung im Kindesalter?
> Lasse ich mich eher beherrschen, oder setze ich mich eher mit ungewöhnlicher Härte durch? Die ausgewogene Mitte wird in dem Satz »Nicht kämpfen, sondern siegen« spürbar.
> Wie lebte ich, wenn ich mutig die Verantwortung für mein ganzes Leben übernähme?

Trainingspunkt:
Üben, sich nicht auszuschweigen und Frust nach innen zu lenken.

> Wie erlebe ich mein Selbstvertrauen als Liebhaber/in, Angreifer/in, Eroberer/in und Führer/in?
> Wie könnte ich im besten Sinne ein »ganzer Draufgänger« sein?
> Im Sexuellen und in Bezug auf das gesellschaftlich etikettiert Männliche gilt es, neue Werte zu finden. Das *eigene*

Draufgängertum in sich entdecken und nicht dem gesellschaftlichen Code entnehmen.

Und überhaupt:
Das Leben vergeht in jedem Fall: kein Grund, es nicht zu leben.

 # Pusher / Spinner

Selbsterforschungsfragen:
> Habe ich immer wieder den Wunsch, mich von Männern/Liebhabern/Partnern zu befreien, oder empfinde ich sie als Störung in irgendeiner Form?
> Wie setze ich meine kreative Energie um? Projektionsflächen? Zum Beispiel kreative Menschen oder Projekte in meinem Umfeld?
> Wie ungezwungen und frei kann ich mich durchsetzen?
> Gerate ich an cholerische oder irgendwie brutale Typen? Wenn ja, dann mehr Durchsetzung trainieren.[10]
> Setze ich meine Energie für Befreiung und Emanzipation ein? (Oder bin ich eher ein Nervenbündel?)
> Wenn ich mit meiner Freiheit ernst machte, dann würde ich …?

Trainingspunkt:
Ich verzichte nicht mehr auf Freizeit, und ich definiere ganz genau, was für *mich* Freizeit ist. Dahinein investiere ich dann meine Energie.

---

10 Hörtipp: CD *Wut als Glücksbringer,* zu bestellen unter www.ute-lauterbach.de

Und überhaupt:
Angesichts innerer und äußerer Freiheit hat das Chaos keine Chance.

 **Pusher / Visionär**

Selbsterforschungsfragen:
> Gerate ich immer wieder an schwache, süchtige oder sich entziehende Typen?
> Hatte ich als Kind das Gefühl, mein Wille würde verunsichert?
> Fand oder finde ich Wege, mich anders, auf alternative Art durchzusetzen und mich zu behaupten?
> Wenn ich mutig meiner großen Sehnsucht folgte, dann würde ich …?

Trainingspunkt:
In meiner Selbstbehauptung lasse ich mich nicht mehr von einengenden Normen beeindrucken. Ich gehe neue Wege – nicht im Kopf, sondern ganz konkret in der Welt.

Und überhaupt:
Energie ist letztlich geheimnisvoll.

Besitzer / Wissbegier

Selbsterforschungsfragen:
> Möchte ich Wissen sammeln? Im Kopf? Im Regal? Im PC?
> Wie könnte ich Gespräche noch mehr genießen?
> Was bereichert mich mehr: das gute Gespräch oder die Besitzer-Freude?
> Erlebe ich einen Zusammenhang von Selbstwert und Wissen?
> Wie lebte ich, wenn ich auf bereichernde Lektüre achtete?

Trainingspunkt:
Ich verfeinere meine Möglichkeiten, mich über Sprache abzugrenzen.

Und überhaupt:
Besserwisser sind unerbetene Eindringlinge in Geisträume.

Besitzer / Fühlende

Selbsterforschungsfragen:
> Kann ich mich mit meinem Besitz wirklich identifizieren? Auch mit der Kuckucksuhr von Tante Hedwig?
> Drückt mein Besitz meine Identität aus? Bin ich, was ich habe?
> Schenkt mir mein Zeug (Wohnung, Garderobe usw.) Geborgenheit?
> Wie sicher ist, dass ich bin, wer ich bin?

> Wie lebte ich, wenn ich nur das hätte, womit ich mich wirklich identifizieren kann?

Trainingspunkt:
Ich beobachte, welche Genüsse mir in der Tiefe wohltun. Genüsse jedoch, die mich nur oberflächlich befriedigen, versuche ich durch andere zu ersetzen. Genau festlegen, durch welche! Und machen!

Und überhaupt:
Wer sich genießt, umarmt das Leben.

 # Besitzer / Majestät

Selbsterforschungsfragen:
> Strahle ich über das, was ich habe?
> Oder über das, was ich bin?
> Dient mein Besitz meiner Selbstwirksamkeit? Oder ich ihm? Wie hätte ich es am liebsten?
> Werte ich mich durch den Glanz einer anderen Person auf?
> Wie müsste ich HABEN, um SEIN zu können?
> Wie lebte ich, wenn ich nur hätte, was meinem Selbstausdruck dient?

Trainingspunkt:
Ich kläre meine Besitzer-Kompetenz so, dass sie meiner Selbstverwirklichung nicht im Weg steht, sondern ihr dient.

Und überhaupt:
Wer sich gewinnt, hat alles gewonnen.

Besitzer / Denker

Selbsterforschungsfragen:

› Habe ich eine strukturierte, klare Übersicht über meine Dinge?
  – Schränke?
  – Papiere?
  – Finanzen?
  – Keller, Garage, Speicher?
  – PC?
› Dient das Zeug einer effizienten Lebensbewältigung?
› Fördern oder unterstützen die mich umgebenden Dinge meine Gesundheit, meine Arbeit, meine Möglichkeit, Gefühle zu zeigen?
› Fördert und unterstützt mich mein Lebensstil in Bezug auf meine Gesundheit, Arbeit und die Möglichkeit, mich zu zeigen?
› Wie lebte ich, wenn ich einen Ordnungspegel hätte, der meinem Selbstwert guttut?

Trainingspunkt:
Ich stelle eine Situation her, in der mir der Krempel dient, aber nicht ich ihm.

Und überhaupt:
Harmonie ist, wenn das Äußere dem Inneren entspricht.

 **Besitzer / Charmeur**

Selbsterforschungsfragen:

> Wie leicht fällt es mir, sowohl meinen Eigenraum wie Lebensstil in Beziehungen zu bewahren?

> Will ich, mit äußeren oder inneren Werten andere für mich einnehmen?

> Ist geteilter Genuss doppelter Genuss für mich?

> Brauche ich meinen Partner oder andere, um meinen Selbstwert zu steigern? Wie hätte ich das gern?

> Bin ich eifersüchtig?

> Finde ich Besitz sexy? Wie käuflich ist Liebe für mich?

> Womit möchte ich für andere attraktiv sein?

> Wenn ich mich in Beziehungen angemessen abgrenzte, dann …?

Trainingspunkt:
Authentisch zolle ich anderen Wertschätzung, um so meinen eigenen Wert noch besser spüren und verankern zu können.

Und überhaupt:
Wer sich selbst liebt, hat Raum für andere.

 **Besitzer / Planer**

Selbsterforschungsfragen:

> Habe ich klare Vorstellungen von meinen Finanzen?
> In welchem Ausmaß gestaltet sich mein Lebensstil nach *meinen* Vorstellungen?
> Werde ich in meinem Selbstwert fremdbestimmt? (Zum Beispiel: Ich liebe dich besonders, wenn du das karierte Dirndl trägst.)
> Nach wessen Vorstellungen soll sich mein Selbstwert richten?
> Entspricht mein Eigenraum meinen Vorstellungen? Oder steht in meinem Zimmer unerwünschter Kram von anderen?
> Wie lebte ich, wenn mein Lebensstil mir ganz und gar entspräche?

Trainingspunkt:
Ich notiere etwa zehn Eigenschaften/Fähigkeiten, die ich an mir schätze, und dann versuche ich über eine geraume Zeit dem Notierten immer wieder zuzustimmen. (Wirklich machen – und beobachten, was ich dabei fühle.)

Und überhaupt:
Wer sich selbst folgt, liebt sich.

 **Besitzer / Global Player**

Selbsterforschungsfragen:

> Wie wertvoll oder wichtig *fühle* ich zu sein, *unabhängig* von der Anerkennung und Bestätigung, die andere mir entgegenbringen? Was trägt mich innerlich?

> Wie wichtig sind Wohlstand und Genuss für mich? Wie sinnvoll sind sie für mich?

> Dient das, was ich habe, der Sinnerfüllung in meinem Leben?

> Wie lebte ich, wenn ich nicht zu viel und nicht zu wenig hätte?

Trainingspunkt:
Ich durchforste meinen Besitz, meine Gefühle, meine Gedanken und ersetze in jedem Bereich mindestens dreimal Quantität durch Qualität.

Und überhaupt:
Im Kreißsaal »Jammertal« erblickt Jubelberg neues Licht.

 **Besitzer / Streber**

Selbsterforschungsfragen:

> Wie leicht fällt es mir, mich abzugrenzen und »Nein« zu sagen?

> Sind meine Finanzen geordnet?

> Gerate ich an Menschen oder in Situationen, die meinen Selbstwert blockieren?
> Oder deute ich, dass andere meinen Selbstwert einschränken?
> Fühle ich, ein Recht auf Besitz, Selbstwert und eigenen Lebensstil zu haben?
> Wie lebte ich, wenn ich die Verantwortung für meinen Besitz und meinen Lebensstil voll übernähme?

Trainingspunkte:
> Ich ordne meine Finanzen (zum Beispiel Überblick, eigenes Konto, finanzielle Entflechtung); ich distanziere mich von – für mich! – überflüssigen Wohlstandsgütern und konzentriere mich auf Dinge und Tätigkeiten, die mir wirklich Freude bereiten.
> Ich schaffe mir einen Raum – nicht nur auf der materiellen Ebene, sondern auch im seelischen und geistigen Bereich.

Und überhaupt:
Innerer Reichtum ersetzt äußeren, aber nicht umgekehrt.

Besitzer / Spinner

Selbsterforschungsfragen:
> Hatte/habe ich ein eigenes Zimmer/Eigenraum nur für mich?
> Habe ich alles, was ich für die Befriedigung meiner Bedürfnisse und für meine Freizeit brauche?
> Was kostet meine Freiheit? Entspricht sie meinem Besitz?
> Wie lebte ich, wenn ich nur hätte, was meiner Freiheit dient?

Trainingspunkt:
Ich befreie mich von unnötigem Ballast (ausmisten!). Ich lese:
Wie viel weniger ist mehr?[11]

Und überhaupt:
Wer nur hat, was er wirklich braucht, ist frei.

 ## Besitzer / Visionär

Selbsterforschungsfragen:
> Wie leicht lasse ich mich in meinem Selbstwertgefühl und meiner Abgrenzung verunsichern?
> Wo kann ich ganz für mich sein?
> Schwächen oder stärken mich meine Genüsse?
> Wie müsste ich leben, um mich wertvoll und im Unendlichen geborgen zu fühlen?
> Wie lebte ich, wenn ich mehr auf Geben als auf Nehmen achtete?

Trainingspunkt:
Ich finde Alternativen zu allem, was mich schwächt und verunsichert.

Und überhaupt:
Uns gehört nur, was wir genießen.

---

11 Ute Lauterbach, *Wie viel weniger ist mehr,* Herder, Freiburg 2011

Wissbegier / Fühlende

Selbsterforschungsfragen:

> Identifiziere ich mich mehr mit meinen Gefühlen oder mehr mit meinem Verstand?

> Hat meine emotionale oder meine rationale Seite die Oberhand? Fühle ich Verachtung der einen oder anderen Seite gegenüber? Wie gleichwertig sind sie für mich?

> Solange diese beiden Seiten nicht integriert sind, treten Kommunikationsschwierigkeiten auf. Daher die Frage, ob ich bei meinen Gesprächspartnern eher auf Emotionalität (Projektion meiner emotionalen Seite) oder mehr auf Rationalität (Projektion meiner rationalen Seite) stoße?

> Wie lebte ich, wenn ich nur über das spräche, womit ich mich wirklich identifizieren kann?

Trainingspunkt:
Durch die Integration beider Anteile verleihe ich meinem Denken Tiefe und Wesentlichkeit und meinem Fühlen Klarheit.

Und überhaupt:
Sprache als Laufsteg der Seele.

Wissbegier / Majestät

Selbsterforschungsfragen:

> Wenn ich mich über Sprache und Kommunikation verwirkliche, gerate ich dann mitunter in eine Art »solipsistischen Rausch«, der mein Gegenüber ausklammert?

> Wie viel Offenheit kann und will ich den Gedanken anderer entgegenbringen?

> Kann ich mich über Sprache selbst verwirklichen? Auf der Bühne? In den Medien?

> Als Wissensmanager?

> Wie lebte ich, wenn ich Sprache zum Strahlen brächte?

Trainingspunkt:

Ich höre mir selbst zum Beispiel einmal wöchentlich beim Reden zu *und* prüfe, ob ich mir wirklich zustimmen kann.

Ich verwirkliche eine neue Form der Kommunikation. Ich lese das Buch *Kopf frei!*

Und überhaupt:

Ein Gedanke, der um sich selbst weiß, lebt.

Wissbegier / Denker

Selbsterforschungsfragen:

> Wie leicht fällt es mir, vermeintliche Widersprüche durch Differenzierung zu lösen?

> Tut mein Wissen meiner Seelenhygiene gut? Wo weiß ich zu viel, wo zu wenig?
> Welche Wissenslücke könnte ich im Interesse eines effizienteren Arbeitens schließen?
> Wie könnte ich meinen Kopf, Bücherregale, Zeitungssammlungen, Medienkonsum gewinnbringend entrümpeln?
> Wie lebte ich, wenn ich meiner Sprache und meiner Kommunikationsfähigkeit gegenüber kritischer wäre?

Trainingspunkt:
Ich lese ausreichend Bücher, die meine Seele erquicken.

Und überhaupt:
Ich denke, also brauche ich nichts zu wissen.

Wissbegier / Charmeur

Selbsterforschungsfragen:
> Weiche ich in Beziehungen wichtigen Gesprächen aus, um die Harmonie zu erhalten; oder – in der Projektion – habe ich Partner, die sich so verhalten?
> In welchem Ausmaß habe ich den ästhetischen Genuss von Sprache für mich erschlossen?
> Genieße ich das Wissens- und Flirtgeplänkel als unverbindliche »Nähe«?
> Geistreich? Geistarm?
> Wie lebte ich, wenn ich anderen gegenüber viele geistreiche Worte fände?

Trainingspunkt:
Ich eigne mir die erotische und sinnliche Komponente von Sprache an, indem ich über Empfindungen spreche oder sie anderweitig zum Ausdruck bringe.

Und überhaupt:
Wenn Sprache ästhetisch überhöht wird, hat der Verstand eine Ruhepause.

Wissbegier / Planer

Selbsterforschungsfragen:
> Will ich mit Sprache manipulieren und Macht ausüben, oder gerate ich an Menschen, die dies mit mir tun?
> Warum und wozu und wie spreche ich mit anderen?
> Nutze ich mein Wissen, um meinen Lebensweg zu finden? Und um meine Meinung zu fundieren?
> Wie lebte ich, wenn ich nur direkt und nie indirekt kommunizierte?

Trainingspunkt:
Ich beschaffe mir Kenntnisse, um gemäß meinen Vorstellungen leben zu können.

Und überhaupt:
Verbalmanipulation aus Ohnmacht.

Wissbegier / Global Player

Selbsterforschungsfragen:

> Wo ist bei mir im Denken oder in der Kommunikation die Grenze, wo ich andere (oder mich) entweder durch großartige Entwürfe begeistere oder sie (beziehungsweise mich) durch Weitschweifigkeit ermüde?

> Wie realitätsbewusst und -orientiert ist mein Denken?

> Werden meine Kommunikationsprozesse von der Sinnfrage getragen?

> Dient mein Wissen meinem Lebenssinn?

> Wie lebte ich, wenn ich bei allen Infos, die auf mich zukommen, einen Sinnfilter vorschöbe?

Trainingspunkt:
Ich hole Informationen ein, um Projekte, die mich wirklich begeistern, konkreter machen zu können.

Und überhaupt:
Wissen ohne Philosophie ist hohl.

Wissbegier / Streber

Selbsterforschungsfragen:

> Stoße ich in der Kommunikation auf Elternrollenspieler, die mir zum Beispiel sagen, wie *man* sich wann und wo auszudrücken hat? Wie könnte ich das Recht auf eine mir entsprechende Ausdrucksweise wahrnehmen?

> Lasse ich mich in Gesprächen oder in meiner Ausdrucksfähigkeit hemmen oder blockieren?

> Wird mein Bedürfnis nach ernsten und tiefen Gesprächen befriedigt?

> Wird mir genug Anerkennung über den kommunikativen Bereich zuteil?

> Wie lebte ich, wenn ich die Verantwortung für meinen Aktionsradius und die Gestaltung meiner kommunikativen Prozesse übernähme?

Trainingspunkt:
Ich mache mir in Selbstgesprächen klar, welche Vorteile es für mich hat, die wirklichen (weder übertrieben noch kleinlich gesehen) Grenzen meiner Intelligenz zu akzeptieren.

Und überhaupt:
Ich denke, also darf ich.

Wissbegier / Spinner

Selbsterforschungsfragen:
> Setze ich meine Sprache und meinen Verstand ein, um progressive Schritte einzuleiten, oder lasse ich mich im Denken und in der Kommunikation von anderen stören oder irritieren?

> Erlaube ich mir, wirklich originell und ungewöhnlich zu sprechen, oder somatisiere ich diese »Originalität« über Stottern oder Legasthenie etc.?

> Befreiung über Sprache?

> Wie lebte ich, wenn ich mehr Quatsch machte in meinen Gesprächen?

Trainingspunkt:
Ich pflege eine originelle, unübliche Kommunikation, um mich selbst freier zu fühlen. Ich eigne mir progressives oder ungewöhnliches Wissen an.

Und überhaupt:
Querköpfe regenerieren die Sprache.

Wissbegier / Visionär

Selbsterforschungsfragen:
> Fühle ich mich in der Kommunikation verunsichert, oder versuche ich, jenseits des Herkömmlichen noch Worte oder andere Ausdrucksformen zu finden? Zum Beispiel künstlerischer Ausdruck?
> Stoße ich in Gesprächen auf Menschen, die sich ausschweigen oder uferlos reden? Gehe ich selbst in diese Rollen?
> Kann ich gut Sachwissen mit dem Großen und Ganzen in Verbindung bringen?
> Wie lebte ich, wenn ich in Bezug auf Medien und Kommunikation alternative Wege wählte?

Trainingspunkt:
Ich erweitere meinen aktiven Wortschatz, indem ich zum Beispiel täglich ein Wort gebrauche, das ich normalerweise nicht gebrauche.

Und überhaupt:
Je weiter die Sprache, desto flügeliger die Unendlichkeit.

 **Fühlende / Majestät**

Selbsterforschungsfragen:
> Setzen sich elterliche Spannungen so in mir fort, dass ich einen Konflikt zwischen bewusstem Wollen und unbewusstem Wünschen erlebe?
> Spalte ich eher meine männlichen oder meine weiblichen Persönlichkeitsanteile ab?
> Wie könnte ich mich mit meinen internalisierten Eltern auseinandersetzen, um den einen oder anderen (siehe oben) abgespaltenen Persönlichkeitsanteil mehr zu integrieren?
> Welche Seite von mir bekämpfe ich in meinem Partner/meiner Partnerin?
> Wie lebte ich, wenn ich mein Handeln so gestaltete, dass es im Einklang mit meiner Identität stünde?

Trainingspunkt:
Ich versuche – und sei es nur spaßeshalber – die Verhaltensweisen, die mich an meinem Partner/meiner Partnerin besonders stören, selbst an den Tag zu legen. *Und* ich beobachte genau, wie ich mich dabei fühle.

Und überhaupt:
Ein Mann, der keine Frau ist, und eine Frau, die kein Mann ist, sind beide – als Mann, als Frau – wie Segel ohne Wind.

Fühlende / Denker

Selbsterforschungsfragen:

> Vertraue ich mehr meinem Gespür oder meiner praktischen Intelligenz und Wahrnehmung?

> Fließt meine Feinfühligkeit in meine Wahrnehmung ein?

> Wie gut kann ich mich mit meinem Alltag und meiner Arbeit identifizieren?

> Was müsste ich ändern, um mich noch besser mit meinem Alltag und meiner Arbeit identifizieren zu können?

Trainingspunkt:

Durch die differenzierte Wahrnehmung meiner Gefühle finde ich heraus, womit ich mich gerne identifiziere und was mir Geborgenheit schenkt.

Und überhaupt:

Wer in sich selbst heimisch ist, bewohnt das Universum.

Fühlende / Charmeur

Selbsterforschungsfragen:

> Inwieweit gelingt es mir, mich in Erotik, Sinnlichkeit, Kunst und Flirt wohlzufühlen?

> Suche ich bei anderen eher Geborgenheit oder eher Nähe? Einseitigkeiten? Abspaltung entweder des fürsorglichen oder des sinnlichen Anteils?

> Lege ich in Beziehungen genauso viel Wert auf inneren Gleichklang wie auf äußere Erscheinungsformen?
> Bin ich bereit, in einem ausgewogenen Verhältnis zu geben und zu nehmen?
> Wie lebte ich, wenn ich im Schönen meine Identität fände? Oder wie lebte ich, wenn ich sie in der Liebe fände?

Trainingspunkt:
Ich ersetze, was mir nicht (mehr) gefällt, durch Schöneres (Kleiderschrank durchchecken, Wohnung/Haus ...).

Und überhaupt:
Wo Sinne aufblühen, ist Heimat.

 ## Fühlende / Planer

Selbsterforschungsfragen:
> Wenn Gefühlsdruck entsteht, halte ich ihn aus, oder reagiere ich sofort?
> Fühle ich mich in meiner Identität/meiner seelischen Eigenart fremdbestimmt oder unter Druck?
> Gab/gibt es irgendwelche Familienprogramme, -rituale, -mottos? Welches Gefühl, welche Stimmung herrschte in meiner Familie vor?
> Funktioniere ich nach irgendeinem Programm, oder gehe ich meinen eigenen Weg?
> Wo fühle ich, Erwartungen ausgesetzt zu sein? Genau da bin ich noch Opfer.

> Wie leicht fällt es mir, meine Muster zu erkennen und meine Wünsche zu formulieren und *ohne* Absicherung zu zeigen?
> Wie lebte ich, wenn ich meinem eigenen Weg treu wäre?

Trainingspunkt:
Ich stehe radikal zu mir und meinen Bedürfnissen und finde Wege, sie zu befriedigen und mich zu leben.

Und überhaupt:
Einer der Wege ist immer: einfach sein.

For the ladies:
> Fühle (fühlte) ich mich als Frau fremdbestimmt, unterdrückt oder Zwängen ausgesetzt?
> Inwieweit gelingt es mir als Frau, meinen eigenen, selbstbestimmten Weg zu gehen?
> Abtreibungen?

Trainingspunkt:
Wenn andere mich zum *Opfer* ihrer Erwartungen machen, dann entspreche ich diesen Erwartungen nicht. (Konsequent sein!)

Und überhaupt:
Familienmuster und Karma nicht als Ruhekissen, sondern als Seelendünger.

 Fühlende / Global Player

Selbsterforschungsfragen:

> Hatte meine Familie hohe Bildungsansprüche, oder litt sie unter einem Bildungsdefizit? Musste meine Familie »etwas Besseres« sein?

> Kann *ich* mich mit meiner Bildung und Weltanschauung identifizieren?

> Wo habe ich meine Ziele angesiedelt: in der fernen Zukunft oder in greifbarer (= konkretisierbarer) Nähe?

> Wie viel bin ich *wirklich* bereit, für die gute Meinung anderer über mich zu tun?

> Übertreibungen haben einen Außendrall, der innerem Wachstum entgegensteht. Gerate ich selbst in diese Falle, oder stoße ich eher auf Menschen, die zu Übertreibungen neigen?

> Wie lebte ich, wenn mein Wachstum und meine Entwicklung sich nur um meine Geborgenheit scherten?

Trainingspunkt:

Ich beantworte die folgende Frage auf etwa fünf verschiedene Arten und Weisen: Was fördert meine innere Entwicklung wirklich?

Und überhaupt:

Eine Form ohne Inhalt ist immer klein – wie groß sie auch sei.

  # Fühlende / Streber

Selbsterforschungsfragen:

> *Fühle* ich, ein Recht auf meine seelische Eigenart zu haben?
> Wer setzt die Maßstäbe in meinem Leben? »Die Gesellschaft« oder *meine* innere Stimme?
> In welchem Ausmaß schaffe ich es, darauf zu verzichten, geliebt zu werden?
> Empfinde ich Schuldgefühle, wenn ich es anderen nicht recht machen kann? Wenn ja, dann Maßstäbe reformieren.
> Wie und wo finde ich Geborgenheit? (Mindestens drei Antworten überlegen.)
> Merke ich, dass es mir guttut, wenn ich die emotionale, sensible und fantasievolle Seite meines Wesens mehr und mehr lebe?
> Verspüre ich Misstrauen gegen emotionale Intimität?
> Fühle ich mich in meiner Wohnung/Haus geborgen?
> Darf ich sein, wer ich bin?
> Wie lebte ich, wenn ich das unzweifelhafte Recht verspürte, ganz meiner inneren Stimme folgen zu können?

Trainingspunkt:

Das Recht auf die seelische Eigenart umsetzen, wodurch depressiven Verstimmungen vorgebeugt wird. Immer wieder frage ich mich: »Was *will ich* wirklich?« Und dann handle ich entsprechend – und zwar trotz aller Schuldgefühle.

Und überhaupt:

Wer leidet eigentlich am meisten darunter, dass ich mich nicht lebe? Ist *das* vielleicht die Todsünde?

Fühlende / Spinner

Selbsterforschungsfragen:

> Wie frei *fühle* ich, sein zu dürfen?
> Kann ich Trennungen und Abschiede wirklich leben/wirklich akzeptieren?
> Wie gehe ich mit meinem Bedürfnis nach Freiheit einerseits und dem nach Nähe andererseits um? Ist es möglich, dass ich den einen oder anderen Pol nicht lebe?
> Habe ich verdrängte Freiheitswünsche meiner Familie übernommen?
> Kann ich echte, spontane, freie Gefühle zulassen und zeigen?
> Seelische (Un-)Geborgenheit?
> Wie lebte ich, wenn ich meinem Bedürfnis nach Freiheit die oberste Priorität einräumte?

Trainingspunkt:
Ich führe nicht abgeschlossene Abschiede, Trennungs- und Trauerprozesse zu Ende, indem ich zum Beispiel Unerledigtes, Ungesagtes in einem zu verbrennenden Brief ausdrücke oder ein entsprechendes Selbstbefreiungsseminar mache.

Und überhaupt:
Wirkliche Trennung setzt Versöhntsein voraus.

> Wichtig ist die Befreiung von der traditionellen Frauenrolle. In welchem Ausmaß gelingt mir das?
> Inwieweit gelingt es mir, meine Fürsorgepflicht oder -bereitschaft und mein Freiheitsbedürfnis zu vereinbaren?

Noch ein Trainingspunkt:
Immer, wenn mich etwas nervt oder stresst oder ich das Gefühl
habe, ausflippen zu können, halte ich inne und überlege, was ich
in Zukunft anders machen könnte, um mich zu befreien. Und
dann auch machen!

Und überhaupt:
Steh auf und lebe anders.

Fühlende / Visionär

Selbsterforschungsfragen:
> Lasse ich mich leicht in meinen Gefühlen, meinem Gespür,
>   meiner Identität verunsichern?
> Habe ich meine Mutter oder Fürsorgeperson als schwach
>   oder hilflos erlebt? Hat sie sich entzogen?
> Wer sich gut in Hilflose hineinversetzen kann, ist in der Ge-
>   fahr, sich ausnutzen zu lassen. Ist das bei mir so?
> Wie gut gelingt es mir, meinen Ängsten auf den Grund zu
>   gehen und mich ihnen zu stellen?
> Wie lebte ich, wenn ich mich dem Bedürfnis nach Grenzen-
>   losigkeit hingäbe?

Trainingspunkt:
Mein seelisches Empfinden ist grenzenlos. Ich erlaube es mir,
mich in dieser Grenzenlosigkeit wohlzufühlen.

Und überhaupt:
Auf dem Altar meiner Seele werden – zum Wohle aller Beteiligten – keine Opfer gebracht.

Majestät / Denker

Selbsterforschungsfragen:
> In welchem Ausmaß bin ich mein Denken?
> Bin ich eher Salonlöwe oder Hündchen?
> Wie könnte ich Selbstwirksamkeit und Anpassung gut an einem Strang ziehen lassen?
> Bin ich eher selbst- oder fremdkritisch? Oder beides?
> Wie viel und welche Art von differenzierender Urteilsfähigkeit würde meiner Selbstständigkeit dienen?
> Wie lebte ich, wenn ich in meiner Arbeit strahlte?

Trainingspunkt:
Durch das Feedback anderer und durch genaue Selbstwahrnehmung finde ich heraus, welches Ausmaß an Selbstwirksamkeit für mich das Beste ist.

Und überhaupt:
Wer sich zeigt, leuchtet auch für andere.

Majestät / Charmeur

Selbsterforschungsfragen:

> Sorge ich genug dafür, dass mein Bedürfnis nach Geselligkeit, Austausch und Kontakt ausreichend befriedigt wird?

> Wie steht's um meine Kompromissbereitschaft? Ist sie zu hoch, und verleitet sie mich zu übermäßiger Anpassung?

> Weiche ich wichtigen Problemen eher aus, oder stelle ich mich ihnen?

> Eitelkeit und Narzissmus können mich in der Wesenstiefe von anderen Menschen trennen – erlebe ich das mitunter?

> Wie lebte ich, wenn Frieden, Harmonie und Schönheit den höchsten Platz in meinem Leben hätten?

Trainingspunkt:

Ich finde und praktiziere Formen des Kontakts, bei denen *ich*, so wie ich bin, zum Zuge komme und wo der andere ebenfalls Raum hat, sich darzustellen; also ich finde die Mitte zwischen übertriebener Anpassung einerseits und übertriebener Selbstdarstellung andererseits.

Und überhaupt:

Wer Schönheit nicht in jedem sieht, wird sie auch bei sich selbst anzweifeln.

Majestät / Planer

Selbsterforschungsfragen:

> In welchem Ausmaß gelingt es mir, meine Lebenskraft systematisch und gemäß meinen eigenen Vorstellungen einzusetzen?

> Wo erlebe ich oder habe ich Machtkämpfe erlebt oder Ohnmacht durch Trennungen?

> Falls ich Probleme mit meinem Blutdruck haben sollte, dann an meiner Selbstverwirklichung arbeiten und mich mit allem, was mir Druck macht, auseinandersetzen.

> Habe ich eine klare Vorstellung davon, wie ich selbstständig und handlungsfähig sein kann, darüber, wie eine *mir* gemäße Sexualität aussähe, und darüber, wie ich Spiel und Spaß in meinem Leben verwirklichen kann?

> Wie lebte ich, wenn meine Freuden keinen Millimeter von meinen Vorstellungen abwichen?

Trainingspunkt:
Circa zehn Sätze vervollständigen, die so beginnen: »In Zukunft werde ich mich verwirklichen, indem ich ...« (Möglichst ganz konkrete Einzelhandlungen und Verhaltensweisen aufführen.)

Und überhaupt:
Eltern sind nur Menschen – wie erstaunlich, wie wunderbar!

Majestät / Global Player

Selbsterforschungsfragen:

> Wird meine Selbstverwirklichung von der Sinnfrage getragen?

> Wie realistisch ist meine Selbsteinschätzung?

> Wie ausgewogen ist das Verhältnis von innerem und äußerem Wachstum bei mir?

> Wo ist die Grenze, an der Expansion, Luxus und Zukunftsprojekte mich noch fördern oder schon behindern?

> Wie lebte ich, wenn meine Wachstumsbestrebungen primär auf meine Selbstverwirklichung ausgerichtet wären?

Trainingspunkt:

Ich verwirkliche mehr von dem, was mich *wirklich* fördert. Genau festlegen: was, wie, innerhalb welcher Zeit; gegebenenfalls aufschreiben, um verbindlich zu werden.

Und überhaupt:

Unglück ist Energieverschwendung.

Majestät / Streber

Selbsterforschungsfragen:

> Kann ich gut auf mein Unglück verzichten? (Antwort gut »durchfühlen«)

> Wo engen Perfektionismus, Ehrgeiz und Leistungsbewusstsein ein spontanes Leben ohne Schuldgefühle ein?
> Welche Ideale habe ich?
> Könnte ich diese Ideale durch realere Ziele ersetzen?
> Ich habe ein Recht auf meine Vitalität und meine Handlungsfähigkeit. Lasse ich mich in diesem Recht mitunter durch die Angst vor Fehlern zum Beispiel blockieren?
> Fühle ich, ein Recht auf eine mir gemäße Sexualität zu haben, oder bin ich auf diesem Gebiet mit Pflicht/Leistung/Normen/Ekel konfrontiert?
> Wie perfekt muss ich sein?
> Wie lebte ich, wenn ich Perfektion durch Freude ersetzte?

Trainingspunkt:
Normen, Maßstäbe, Ideale überprüfen und durch eigene Maßstäbe ersetzen = Verantwortung für das eigene Handeln übernehmen.

Und überhaupt:
Ich bin schon da: Ich brauche keine Daseinsberechtigung mehr.

Majestät / Spinner

Selbsterforschungsfragen:
> Bin ich in meinem Handeln, meiner Selbstverwirklichung und meiner Sexualität frei und selbstständig, oder fördere ich die Unabhängigkeit und Weiterentwicklung meines/eines Partners? Meiner/einer Partnerin?

> Gelingt es mir, verbindlich zu werden und mein Herz sprechen zu lassen, *ohne* meine Freiheit aufzugeben?
> Wie lustig ist mein Leben?
> Wie lebte ich, wenn ich doppelt so viel lachte?

Trainingspunkt:
Einmal täglich »abnormen«. In irgendeiner Hinsicht breche ich täglich einmal aus der Routine aus, vielleicht nur in Bezug auf eine winzige Kleinigkeit, die niemand bemerkt; entscheidend ist das Überspringen des eigenen Schattens.

Und überhaupt:
Ohne Aufbruch kein Unterwegssein.

Majestät / Visionär

Selbsterforschungsfragen:
> Habe ich ein Elternteil als schwach oder als irgendwie unzugänglich erlebt?
> Süchte? Realitätsflucht? Helferberuf? Visionär?
> Inwieweit gelingt es mir, mich über Aktivitäten zu verwirklichen, die jenseits von Moral und Konvention liegen?
> Welchen Typus ziehe ich an oder finde ich attraktiv?
> Wie lebte ich, wenn ich alternative Wege verwirklichte?

Trainingspunkt:
Ich suche Aktivitäten, durch die ich Vertrauen in weitere, »höhere« Zusammenhänge fassen kann. Ich erspüre die Grenze meiner Vertrauensfähigkeit und versuche, sie auszudehnen.

Und überhaupt:
Nur Traumtänzer haben einen sicheren Gang.

Denker / Charmeur

Selbsterforschungsfragen:
> Trägt mich eine gute Selbstkenntnis im Kontakt?
> Rassel ich aufgrund von Nörgelei und Kritik immer wieder in Konflikte mit anderen?
  Zusatzfrage in diesem Zusammenhang:
  Wie kritisch bin ich meiner Kritikfähigkeit gegenüber?
> Habe ich Kontakte, in denen ich differenzierte und analytisch vertiefende Gespräche führen kann?
> Wie gut gelingt es mir, meinem Meinungsbildungsprozess durch Differenzierung immer wieder objektive Flexibilität zu verleihen?
> Wie lebte ich, wenn ich meine Wahrnehmungsfähigkeit im Kontakt voll ausfahren würde?

Trainingspunkt:
Ich differenziere genau, mit wem ich was gut machen kann, und erwarte deshalb nicht von ungeeignetem Gegenüber ein Verhalten außerhalb seiner Möglichkeiten.

Und überhaupt:
Gute Gespräche sind Erotik vom Feinsten.

Denker / Planer

Selbsterforschungsfragen:

> Habe ich eine klare Vorstellung darüber, wie ich am besten *meine* Gefühle zum Ausdruck bringen kann?

> Inwiefern könnte mir eine differenzierte Analyse meiner Gefühle helfen, meinen eigenen Weg zu gehen und zu finden?

> Kann ich Macht und Ohnmacht durch ein gutes Unterscheidungsvermögen im realistischen Rahmen halten? (Zum Beispiel: Ein Mietverfahren ist kein Mordprozess.)

> Wie lebte ich, wenn ich eine klare Vorstellung in Bezug auf meine Arbeitsabläufe hätte?

Trainingspunkt:
Mit Worten meine Meinungen und Gefühle kongruent, also ohne Doppelbödigkeit und Hintergedanken zum Ausdruck bringen.

Und überhaupt:
Wer sich kennt, folgt sich.

Denker / Global Player

Selbsterforschungsfragen:

> Wo wäre es sinnvoll, mehr Details zu berücksichtigen und die Stichhaltigkeit meiner Entwürfe zu prüfen?

> Wie erlebe ich es, dass sich die große, weite Welt google-earthen lässt? Heimelig? Unheimelig?

> Was könnte ich stärken bei mir: den Sinn fürs Kleine oder den fürs Große? Und wie?
> Wie lebte ich, wenn sich meine Arbeit vorwiegend an der Sinnfrage orientierte?

Trainingspunkte:
> Ich zeige wahrhaftig, wie es in mir aussieht, um mich zu weiten und zu erweitern.
> Ich analysiere differenziert, um tragfähig philosophieren zu können.

Und überhaupt:
Wahrnehmung ist Wachstum.

Denker / Streber

Selbsterforschungsfragen:
> Traue ich mich, genau hinzusehen?
> Wie leicht fällt es mir, zu meinen innersten Gefühlen zu stehen und sie differenziert zum Ausdruck zu bringen?
> Behindere ich mich durch ein Zuviel an Ordnung, Struktur und Perfektionismus?
> Oder gibt mir eine angemessene Klarheit und Sachlichkeit Halt?
> Spüre ich, ein Recht auf meine emotionale Wahrheit zu haben?
> Wie lebte ich, wenn ich mein Recht auf eine mir gemäße Arbeit umsetze?

Trainingspunkt:
Durch präzise, klare und differenzierte Wahrnehmung untermauere ich meine natürliche Autorität.

Und überhaupt:
Vielleicht hättest du mich geliebt, wenn ich dir gezeigt hätte, was in mir vorgeht – wie schade, verpasstes Leben.

 # Denker / Spinner

Selbsterforschungsfragen:
> Wie gut kann ich mich von Anpassungszwängen befreien?
> Lehne ich mich gegen meine Arbeit auf, ohne konkrete Schritte zur Verbesserung meiner Arbeitssituation zu realisieren?
> Befreiung über Arbeit und das Ausdrücken von Gefühlen?
> Ich differenziere meine Gefühle, um genau zu sondieren, was Spreu und was Weizen ist.
> Wie lebte ich, wenn mir innerer Fortschritt wichtiger wäre als äußerer?

Trainingspunkt:
Bei Gefühlsstau (somatisch: Verstopfung) rausschreien – kann auch im lauten Kämmerlein sehr wirkungsvoll sein.

Und überhaupt:
Wer sich passt, braucht anderen nicht mehr zu passen.

Denker / Visionär

Selbsterforschungsfragen:
> Wie leicht fällt es mir, meine Gefühle zu zeigen?
> Nehme ich im Nebel der Ungewissheit noch »Tatsachen« wahr, die keine sind?
> Inwiefern gelingt es mir, durch differenzierte Analyse gute Alternativen zu entwickeln?
> Kann ich durch Wände sehen – wortwörtlich oder übertragen gemeint?
> Wie lebte ich, wenn mir die richtige Mischung von Ordnung und Chaos gelänge?

Trainingspunkt:
Ich pflege das Motto: »Was ist die Alternative?«

Und überhaupt:
Warum nicht die Wunder im Alltag sehen und den Alltag in Wundern?

Charmeur / Planer

Selbsterforschungsfragen:
> Bin ich in Partnerschaften mit Druck und Macht konfrontiert? Sexualität und Schönheit als Machtmittel? Liebesmagie? Liebeswahn?

> Finde ich neue Formen in der Partnerschaft, oder bin ich mit unterschwelligen oder offenen Machtkämpfern konfrontiert?

> Fühle ich, nur dann liebenswert zu sein, wenn ich bestimmte Erwartungen erfülle, oder habe ich das *Gefühl*, »einfach so« liebenswert zu sein?

> Wie lebte ich, wenn ich in allen Kontakten meinem eigenen Weg treu bliebe?

Trainingspunkt:
Ich mache mir kristallklar, wie ich Beziehungen gestalten und leben möchte. Ein gemeinsamer Haushalt? Wie viel Zeit miteinander verbringen? Art und Güte der gemeinsamen Inhalte.

Und überhaupt:
Leidenschaft ist ein sicheres Zeichen von Lebendigkeit.

Charmeur / Global Player

Selbsterforschungsfragen:
> Wie ist bei mir die Relation von Versprechungen machen und sie halten können?

> Will ich über meine Kontakte groß sein oder aus mir heraus?

> Wie kann ich wachsen?

> Wo wachse ich hin, wenn ich über mich hinauswachse?

> Wie (und in wen/was) könnte ich chronisch verliebt sein, um mich zu übersteigen?

> Wie lebte ich, wenn ich alle Menschen liebte?

Trainingspunkte:
> Ich pflege jede Sinnenfreude, um in die Weite zu wachsen.
> Ich liebe, was das Zeug hält, um meine Toleranz zu erhöhen.

Und überhaupt:
Die Selbststeigerung in der Verliebtheit macht uns tolerant.

Charmeur / Streber

Selbsterforschungsfragen:
> *Spüre* ich, ein *Recht* auf eine mir gemäße Erotik zu haben? Oder habe ich eine gewisse Unempfindlichkeit gegen emotionale Verwundungen entwickelt?
> Habe ich Angst vor Nähe, oder gerate ich an Menschen, die diese Angst haben?
> Essprobleme? Ekelgefühle? Grenzen im Kontakt?
> Wie schön darf ich sein?
> Stelle ich Etikette und Höflichkeit über echte Nähe? Will ich das?
> Verwirkliche ich meinen Geschmack?
> Wie lebte ich, wenn mir Schönheit wichtiger wäre als Mode?

Trainingspunkt:
Ich setze mein Recht auf mir gemäße Kontakte systematisch um. Ich umgebe mich mit dem, was *mir* gefällt, und lasse mich weder in Beziehungs-, Geschmacks- noch Meinungsangelegenheiten bevormunden.

Und überhaupt:
Natur ist schön; ein abwertendes Urteil ist Irrtum.
Wir sind ein Stück Natur.

Charmeur / Spinner

Selbsterforschungsfragen:

> Inwieweit gelingt es mir, Freiheit und seelische Bindung in einer Beziehung zusammenzubringen?
> Bestanden zur Zeit meiner Geburt bei meinen Eltern bereits Trennungswünsche?
> Neige ich zu Fehlkäufen?
> In Erotik und Sexualität gilt es, einen eigensinnigen Weg einzuschlagen und auf Freiheit innerhalb der Beziehung zu achten. Andernfalls besteht die Gefahr von Enttäuschungen – wie sehr erlebe ich das?
> Kann ich mit Schatzi gut lachen?
> Wie lebte ich, wenn ich aus allen Trennungen sanfte Abschiede machte, ohne hadern zu müssen?

Trainingspunkt:
Ich finde genau heraus, wie ich Kontakte leben möchte, um mich frei und leicht zu fühlen.

Und überhaupt:
Wohin die Liebe auch fallen mag ... da falle ich mit.

Charmeur / Visionär

Selbsterforschungsfragen:
> Wie schön, wie attraktiv fühle ich, sein zu dürfen?
> Liebessehnsüchte?
> Gelingt es mir, konventionelle Vorstellungen von Liebe aufzulösen, oder werde ich Opfer eines solchen, von außen (projizierten) kommenden Auflösungsprozesses?
> Kann ich in meiner Hingabe unendlich weit über mich hinausfühlen?
> Wie lebte ich, wenn ich die ganze Welt umarmte?

Trainingspunkt:
Ich gebe unsinnige, mich frustrierende »Beziehungen«, die nur (noch) vom Hoffnungsprinzip, aber nicht mehr von der Realität getragen werden, auf. Stattdessen bemühe ich mich, neue Formen in tragfähige Kontakte zu bringen.

Und überhaupt:
Suche in der Sehnsucht nicht Liebe, liebe die Sehnsucht.

Planer / Global Player

Selbsterforschungsfragen:
> Habe ich für mein Kräftepotenzial Wirkungsmöglichkeiten in größerem Rahmen, oder bin ich mehr ein Rädchen in großen Projekten anderer?

> Haben meine Ansprüche und Erwartungen eine solide, selbst erarbeitete Basis?
> Werde ich in geistiger oder weltanschaulicher Hinsicht unterdrückt, fremdbestimmt oder manipuliert?
> Bildungszwänge?
> Wie sähe eine mir völlig entsprechende Weltanschauung aus?

Trainingspunkt:
Ich erarbeite klare Konzepte, mit denen ich das, was ich als sinnvoll erlebe, fördern kann. (Was, wann, wie!)

Und überhaupt:
Nur wer *sich* fördert, fördert das Wohl anderer.

Planer / Streber

Selbsterforschungsfragen:
> Ist mir mein eigener Weg wirklich bewusst?
> Bin ich Opfer einer perfektionistischen, strengen Lebenseinteilung, oder gerate ich an Menschen, die ihr Leben strengen und rigiden Normen unterwerfen?
> Fühle ich mich in meinen eigenen Rechten unterdrückt oder fremdbestimmt?
> Kenne ich so ein Abstandnehmen unter Schmerzen, also Erlebnisse, die alles von mir wegreißen, was mir lieb und teuer ist, und die mich zwingen, mich selbst zu erforschen? Die (Er-)Lösung liegt hier darin, dass ich meine Mitte außerhalb der Welt der emotionalen Bindungen gründe.

> Spüre ich in mir ein unbedingtes Wollen (fast wie Besessenheit), das mich vielleicht auch einsam/introvertiert macht? Oder bin ich – in der Projektion – konfrontiert mit solchen Menschen – vielleicht auch mit Fanatismus? Wichtig ist die Ablösung von der eigenen Wunschnatur, zum Beispiel durch Konkretwerden, um so in eine »höhere« Freiheit hineinzuwachsen.

> Gelingt es mir, immer wenn ich die Grenzen meiner emotionalen Tragfähigkeit erreicht habe, meine Wünsche und Begierden fallen zu lassen?

> Wie lebte ich, wenn mein größter Ehrgeiz wäre, mir selbst gerecht zu werden?

Trainingspunkt:
Ganz konkret *planen* und mir vergegenwärtigen (inneres Bild), wie sich der *eigene* Lebensweg realisieren ließe.

Und überhaupt:
Auf Biegen und Brechen gelebt – bricht zu viel.

 **Planer / Spinner**

Selbsterforschungsfragen:
> Inwieweit folge (spüre) ich meinem Bedürfnis, die aus der Vergangenheit stammenden Grenzen und Beschränkungen zu wandeln?

> Wie leicht kann ich meinem Drang, die innere oder äußere Umgebung radikal zu ändern, nachgeben?

> Bin ich bereit, für meine Freiheit zu kämpfen, oder lasse ich

mir von anderen eine Richtung vorschreiben? Bei letztgenanntem Verhalten übernehme ich keine Verantwortung und kann leicht zum Opfer äußerer wie innerer Muster werden.

> Wie lebte ich, wenn es mir leichtfiele, alte Vorstellungen zugunsten neuer loszulassen?

Trainingspunkt:
Ich plane ganz konkret (was, wann, wie) den Ausbruch oder Aufbruch aus alten Strukturen.

Und überhaupt:
Stricke hinaus aus dem Muster der Zeit!

 **Planer / Visionär**

Selbsterforschungsfragen:
> Wage ich es, Verborgenes sichtbar zu machen?
> Das tief in mir Drängende, die unbewussten Muster gestalten mein Leben unnachgiebig, so lange, bis ich sie zulasse, hinschaue, sie liebe – den Teufel in einem »psycho-alchimistischen« Prozess zum Freund mache. Das Böse, das ich im anderen bekämpfe, ist mein nicht wahrgenommenes eigenes. Ich selbst bin immer das erste Opfer all meiner negativen Gefühle anderen gegenüber. Der Verbrennungsort alter Muster und schlimmer Gefühle ist *durchlebte* Liebe. Wo stehe ich auf diesem Weg?
> Wie lebte ich, wenn ich in einer unendlichen Symbiose mit dem Leben verschmölze?

Trainingspunkt:
Ich mache mir einen klaren Plan, wie ich meine persönlichen Grenzen transzendieren könnte (= reale Bewusstseinserweiterung).

Und überhaupt:
Wenn ich nicht mehr litte, würde ich mein Leben dann noch wiedererkennen?

Global Player / Streber

Selbsterforschungsfragen:
> Fühle ich, ein Recht auf eine mir gemäße Weltanschauung zu haben?
> Wie gebildet muss ich sein? Wer/was setzt in diesem Bereich die Maßstäbe?
> In welchem Ausmaß gelingt es mir, alles, was ich als Sinn und Zweck empfinde, in praktische Lebensführung umzusetzen?
> Habe ich Mut, über mich selbst hinauszuwachsen?
> Wie lebte ich, wenn mir die innere Expansion wichtiger wäre als die äußere?

Trainingspunkt:
Auseinandersetzung mit Inhalt und Form durch die Überlegung, wie sich Begeisterung und hoffnungsfrohes Streben in ganz konkreten Schritten realisieren lassen.

Und überhaupt:
Könnte es irgendeinen Grund geben, nicht zu leuchten?
Gerade, *weil* wir vergänglich sind – wie ewig auch immer!

Global Player / Spinner

Selbsterforschungsfragen:

> Bin ich bereit, die Sinnfrage immer wieder neu zu stellen, oder werde ich – in der Projektion – zum Opfer zusammenbrechender Weltanschauungen?
> Gelingt es mir, innerlich zu wachsen, indem ich immer wieder Neues, Unvorhergesehenes, »Ver-rücktes«, Spontanes zulasse?
> Bin ich – symbolisch gesprochen – so eine Art Wanderpriester mit reformerischen Bestrebungen?
> Erlaube ich mir eine eigensinnige Weltanschauung?
> Wie lebte ich, wenn für mich das Motto gälte: »Quer gedacht, besser gelacht!«?

Trainingspunkt:
Ich stelle fest, welche Weltanschauungen ich abgehoben und verrückt finde, und dann frage ich mich, was passierte, wenn ich mein Leben von diesen Weltanschauungen bestimmen ließe. Die gefundenen Antworten notiere ich und überlege, welche Modifikation jener Weltanschauungen ich zulassen könnte. Danach beobachte ich, was diese Veränderungen bei mir bewirken.

Und überhaupt:
Totale Lebensfreude – immer! Was könnte verrückter und zeitgemäßer sein?

Global Player / Visionär

Selbsterforschungsfragen:
> Wie real – und das heißt: wie konkretisierbar – sind meine Verbesserungsvisionen?
> Wo ist die Grenze zwischen realem Über-sich-Hinauswachsen und Sich-im-Ungreifbaren-Verlieren?
> Wie glaubwürdig bin ich für mich und andere?
> Gibt es oder gab es den Punkt, an dem mein Optimismus und meine Ideale von der Realität schmerzlich eingeholt wurden?
> Wie lebte ich, wenn ich an allen inneren Grenzen die Alternativen suchte?

Trainingspunkt:
Ich investiere meine Kraft nur noch in solche Projekte, für deren Realisierung ich ganz konkrete Schritte weiß.

Und überhaupt:
Wahres Gewicht überzeugt durch seine Schwerelosigkeit.

Streber / Spinner

Selbsterforschungsfragen:

❯ Wie leicht fällt es mir, mich von Altem, auch von Schmerzen zu lösen?

❯ Wie perfekt muss ich sein? Sind die hier implizierten Anforderungen wirklich akzeptabel für mich?

❯ Gibt es Menschen oder Umstände, denen ich Schuld zuweise? Wenn ja, dann lauern da Möglichkeiten, sich zu lösen und mehr Verantwortung zu übernehmen.

❯ Wie leicht lasse ich mich durch »Pflichten« in meiner Freizeit blockieren? Welche und wessen Maßstäbe verbergen sich hinter solchen »Pflichten«?

❯ Wie lebte ich, wenn ich mein Recht auf Befreiung, Freizeit und Unabhängigkeit umsetzte?

Trainingspunkt:

In einem Vertrag mit mir selbst verpflichte ich mich, die Verantwortung dafür zu tragen, dass ich genug (genau festlegen!) Freizeit und Freiraum habe.

Und überhaupt:

Wer leidet eigentlich am meisten unter meiner Unfreiheit?
Na also!

Streber / Visionär

Selbsterforschungsfragen:

> Je mehr es mir gelingt, Normen und Konventionen aufzulösen, umso weniger kommt mir ein solcher Auflösungsprozess von außen entgegen. Habe ich diesen Zusammenhang beobachtet?

> Wie real ist »die Wirklichkeit« für mich? Flucht? Ängste? Süchte?

> Wo gibt es in meinem Leben innere und äußere Grenzen, die ich überschreiten könnte?

> Wie lebte ich, wenn es ein Recht auf Auflösung und Chaos gäbe?

Trainingspunkt:
Zehn bis zwanzig Maßstäbe/Normen, nach denen ich mein Verhalten ausrichte, aufschreiben und dann ernstlich prüfen, ob diese Maßstäbe wirklich meinen innersten Bedürfnissen gerecht werden. Ernstlich Alternativen ausdenken.

Und überhaupt:
Was ist, ist; mehr nicht – und das ist viel mehr.

Spinner / Visionär

Selbsterforschungsfragen:

> Habe ich Angst vor Umbrüchen, oder erlebe ich so eine Art »kosmischer Gelassenheit«, mit der ich mich Veränderungen und Neuem öffne?

> In welchem Ausmaß gelingt es mir, mich über die Auflösung überholter Maßstäbe und über das Ergreifen echter Alternativen zu befreien?

> Erweitere ich mein Bewusstsein, indem ich Neues, Ungewöhnliches, Unkonventionelles zulasse, oder fühle ich mich eher als Opfer von Neuerungen? Letzteres entspricht dann der Projektion meines eigenen Veränderungsbedürfnisses.

> Wie lebte ich, wenn ich von allem diffusen Krempel befreit wäre?

Trainingspunkt:

Dem, was mir zu verrückt oder ungewöhnlich zu sein scheint, versuche ich einen – wenigstens kleinen – Platz in meinem Leben einzuräumen. *Und* ich beobachte über eine längere Zeit, wie ich mich dabei fühle.

Und überhaupt:

Was spricht denn gegen ein Paradies hier oben auf Erden?

Sie haben weiter an Ihrem Drehbuch geschrieben? Oder Sie wollen sich den Fragen eher situativ widmen? Entscheidend ist ja nur, dass sich was tut, wenn wir was tun. Und manchmal ist das beste Tun, auf vollendete Art nichts zu tun.

Ich freue mich mit Ihnen auf und über all Ihre Erfolge in der Glücksschmiede!

Durch psycho-energetische Integration ins Glück

Glück ist Liebe, nichts anderes.
Wer lieben kann, ist glücklich.
Hermann Hesse

Psycho-energetische Integration bedeutet, sich das eigene Potenzial mehr und mehr verfügbar zu machen. Und zwar dadurch, dass wir unsere Kompetenzen in allen Facetten kennen, um so zu verstehen, wie wir sie durch Integration ausbilden können. Denn nicht konstruktiv ausgedrücktes Potenzial wendet sich gegen uns. Es erscheint als Spielverderber des Glücks[11] auf unserer Lebensbühne. Deshalb lohnt es sich so sehr, seine Fähigkeiten zu entdecken und im Vorwärtsgang zu leben. Man könnte meinen Ansatz auch als Kompetenz-Therapie bezeichnen oder als bewusstes Einklinken in die evolutionär angelegte Entwicklungsrichtung oder als ganz große Liebeserklärung an sich selbst und damit an das Leben. Anders gesagt: je integrierter, desto liebesfähiger und glücklicher. Schreiben oder denken Sie sich das Drehbuch Ihres Glücks, und leben Sie es, damit Sie die beglückende Erfahrung machen: Wer sich liebt, umarmt die Welt UND wird von der Welt zurückumarmt!

Ich lege Ihnen mit diesem Buch eine kurze Zusammenfassung eines wichtigen Bausteins meiner Arbeitspraxis in die Hände. Und ich wünsche Ihnen von Herzen viel Erfolg damit.

---

11 Hierzu empfehle ich auch die Lektüre meines Buchs *Spielverderber des Glücks*, Kösel-Verlag, München 2001.

Mein Versprechen

Verstehen heißt: mit dem Herzen hellsehen.

Victor Hugo

Ich glaube, dass der Hellsichtigkeit des Herzens eine gewisse Einübung ins Leben nicht schadet. Das Rüstzeug dafür zu sichten ist mein größtes Anliegen. Inzwischen kennen Sie sich aus: Sie sind mit den Grundantrieben vertraut. Sie wissen, wie das mit der psycho-energetischen Integration geht, und stehen jetzt vor dem Klavier, um sich richtig warm spielen zu können. Welche Stücke zum Thema Glück, Schicksal und Freiheit lassen sich darüber hinaus spielen? Wie sehen die anderen Werkzeuge in meiner »Trickkiste« aus?

Darum geht es in einem nächsten Buch.

Ich verspreche, all meine Schätze mit Ihnen zu teilen. Denn: Geteiltes Glück ist doppeltes Glück.